いい弁護士の選び方 上手な付き合い方

㈱アンサーブ
大坪 孝行 著

SE
SHOEISHA

はじめに

私は約10年に渡り、法律事務所に勤務しておりました。勤務していた法律事務所（弁護士事務所）より、「ほぼ全ての案件の法律実務」「弁護士会の委員会活動」「弁護士会の選挙活動」「ひまわり基金法律事務所や法テラスへの派遣予定の弁護士の教育のお手伝い」の経験を得て、また、「広告の出し方」「効果測定の必要性」「マネージメントの重要性」等の教えも受け、弁護士業界のリアルな実情を学ぶことができました。

しかし、閉鎖された弁護士業界から出てみてわかったことは、多くの方が弁護士を必要としているにもかかわらず、「弁護士って何?」「弁護士の探し方が分からない」「弁護士に相談する内容かどうかがわからない」「弁護士は何をしてくれるの?」との疑問や思いを抱いていらっしゃるということでした。

そこで多くの方に「弁護士とは何なのか」「弁護士に相談すべき内容」「弁護士は何ができるのか」「弁護士の選び方」「弁護士に仕事を依頼する際の注意点」といった内容を知っていただくために、本書を執筆しました。

司法制度改革により弁護士人口が激増し、弁護士業界は大競争時代に突入しております。一昔前では合格水準に達していないと思われる方も、現在では弁護士になっており、弁護士の質の低下が問題となっております。また、誇大広告に端を発した弁護士と依頼者とのトラブル問題や弁護士による横領事件なども発生しており、消費者の皆さんが安心して弁護士に依頼することが本当に難しい時代に突入していると感じています。

皆さんが「弁護士とは何か」「信頼できる弁護士の選び方」といった内容を知ることにより、本書は皆さんのお役に立てると信じております。ぜひご一読いただければ幸いです。

２０１５年８月　株式会社アンサーブ　代表取締役　大坪孝行

第1章 まずは知るべし 弁護士の正体

第2章 依頼する際に必要な基礎知識

第3章 事務所案内や広告に騙されないで下さい！

第4章 面談時・依頼してからのチェックポイント

第5章 いい弁護士の見分け方

第6章 弁護士との上手な付き合い方

いい弁護士の選び方
上手な付き合い方

第1章

まずは知るべし弁護士の正体

そもそも弁護士とは

受験するだけでも大変な司法試験

弁護士になるためには、法科大学院を卒業し、国家試験の最難関と言われる司法試験に合格するか、法科大学院を修了した方と同等の知識を習得しているかどうかを判定する通称「予備試験」に合格し、かつ司法試験にも合格しなければなりません。

司法試験の２０１０年以降の傾向を申しますと、約８、０００人の受験者数に対して合格者数は約２、０００人（合格率25％程度）で推移しています。

弁護士になるための過程をもう少し掘り下げて説明してみましょう。司法試験を受けるために必要な法科大学院とは、法律のエキスパート（弁護士・裁判官・検察官）に必要な知識と能力を身に付けることを目的とする、日本の専門職大学院です。

法科大学院へ入学するだけでも大変です。入学試験が、共通試験としての適性試験

弁護士になるには

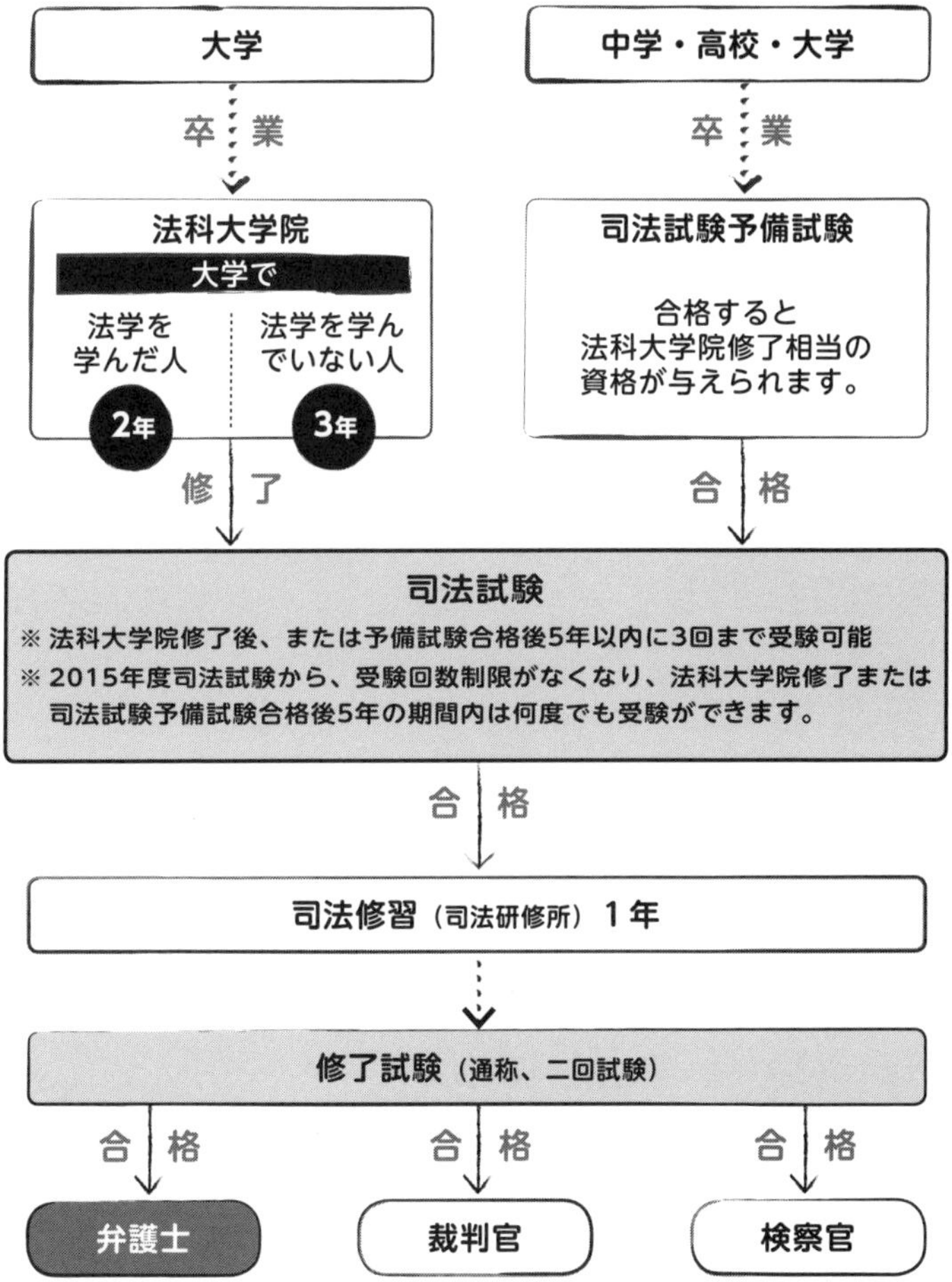

※本書執筆時点の情報をもとに作成

と法科大学院ごとの個別試験に分かれており、両方に合格しなければなりません。法科大学院を卒業すると、「司法試験の受験資格」と「法務博士（専門職）の専門職学位」が与えられます。

法科大学院を卒業し、合格率25％ほどの司法試験に合格した約2，000人は、司法修習と呼ばれる「弁護士の研修を2か月」「裁判所の研修を4か月」「検察の研修を2か月」等の合計1年（12か月）、研修を受けなければなりません。

研修を終え、必要な最終試験に合格した人だけが、各都道府県にある弁護士会に弁護士登録を行い、初めて弁護士として活動できるようになります。

一見、華やかに見える「弁護士」という職業は、とても難しい大学院を卒業し、最難関の国家試験である司法試験に合格し、長期間の研修を終えて初めてなれる法律のエキスパートなのです。

唯一無二の法律のエキスパート

皆さんは「法曹」という言葉をご存知でしょうか？

あまり聞きなれない言葉だと思いますが、法曹とは「法律関係の仕事に従事する人。特に、裁判官・検察官・弁護士など法律の実務に携わる人。」と辞書に明記されています（出所：三省堂「大辞林　第三版」）。

つまり、**日本における「法律の専門家」と呼ばれる職業は、「裁判官」「検察官」「弁護士」の3種類だけなのです。**基本的に、裁判官は裁判所に勤務し、検察官は検察庁に勤務する国家公務員であり、一般の方が相談に行くことはまずありません。法律の専門家である弁護士は自営業的な扱いですので、**一般の方が相談に行くのは「弁護士」となります。**

世間には「街の法律家」等と呼ばれる方もいらっしゃいます。そう呼ばれる方のほとんどは確かに一般的な法律知識をお持ちかもしれませんが、全ての法律知識を持ち合わせていないにもかかわらず、法律相談に応じています。それがどれほど愚かな行為なのかをほとんどの方は認識せずに、そうした「街の法律家」等と謳われている方に相談に行かれてしまうようです。

なぜ、愚かな行為なのかと申しますと、弁護士にしか扱えない業務がたくさんあるからです。六法と呼ばれる憲法・民法・刑法・会社法（旧：商法）・民事訴訟法・刑事訴訟法の全てを把握しているのは弁護士だけです。皆さんのご相談内容が主に「民法」に関するものであったとしても、突き詰めていくとその他の法律にも抵触している可能性があります。そうした場合、全ての法律を駆使して対応できるのは弁護士だけです。

なぜなら、弁護士は国が認めた法律の専門家であり、ありとあらゆる法律相談に応じることができる、唯一無二の法律のエキスパートだからです。

離婚・相続・交通事故・多重債務・過払い金・近隣トラブル等の民事事件、殺人・傷害・横領・痴漢等の刑事事件、契約書・労働問題・売掛金回収・海外進出などの企業法務、その全てに対応できるのは弁護士だけなのです。

皆さんも、このような問題でお悩みの際は、ぜひ弁護士に相談に行ってみて下さい。最難関の国家試験を突破し、長期間の研修を経て、弁護士という選ばれた職業に就いた専門家に、法律問題は相談すべきなのです。

意外？　実は身近な存在

では、唯一無二の法律のエキスパートである弁護士はどこにいて、どこに行けば会って相談できるのでしょうか？　それは、法律事務所（弁護士事務所）・法テラス・ひまわり基金法律事務所等です。

弁護士が勤務する場所である「法律事務所」は、日本全国津々浦々にあります。日本全国には約35、000名の弁護士がおり、約15、000もの法律事務所が存在しています。実は、皆さんが持っているイメージよりも、弁護士は身近な存在です。

利用するのに一定の所得制限はありますが、ほぼ全国に設置されていて公的な法律事務所とも言える「法テラス」は、日本全国約110箇所に設置されています。

さらに、日本弁護士連合会（通称「日弁連」）が支援して設立される「ひまわり基金法律事務所」は、日本全国約60箇所に設置されております。

法テラス　http://www.houterasu.or.jp/

ひまわり基金法律事務所　http://www.nichibenren.or.jp/activity/resolution/counsel/kaso_taisaku/himawari/syoukai.html

他士業との違いについて

《弁護士でしか取り扱えない業務がある》

ここでは、弁護士と他士業の違いについて説明してみます。

弁護士しか取り扱えない業務について簡単に説明すると、次のようなものがあげられます。

・折衝（相手方と合意を目指して交渉すること）
・家庭裁判所、地方裁判所、高等裁判所、最高裁判所に出廷すること
（簡易裁判所は一部の司法書士も代理人として出廷可能です）
・刑事事件の弁護人になれる

また、唯一の法律の専門家として、刑事・民事・企業法務案件について全て対応可能なのも、弁護士のみと言えるでしょう。

弁護士にしか取り扱えない具体例①

離婚問題について、少しでも相手と揉めている場合は、弁護士にしか取り扱えません。相手方と全く揉めていない離婚であれば行政書士でも対応可能ですが、少しでも揉めていたり、相手方と交渉したりする場合は、弁護士にしか対応できません。インターネット上では「離婚専門行政書士」等と表記し、あたかも相手方と交渉できるような言葉を並べ立てているＨＰを見かけますが、行政書士には離婚問題について相手方と交渉する権限はありません。

相手方が離婚に応じてくれない場合、親権で揉めている場合、婚費分担で揉めている場合、財産分与で揉めている場合、面接交渉権で揉めている場合等は、必ず弁護士に相談して下さい。相手方と揉めているにもかかわらず、中には弁護士以外の一部の士業が対応していることがあります。そのような士業は違法行為＝犯罪を犯している可能性がありますので、注意して下さい。

弁護士にしか取り扱えない具体例②

交通事故に関しても、相手方（損害保険会社）と交渉できるのは弁護士のみです。交通事故は、損害保険会社との交渉がほとんどの場合で必要になります。一部の行政書士が「交通事故専門行政書士」を名乗り、あたかも全てを解決できるようなＨＰを作成し、インターネット広告を展開していますが、行政書士が行えるのは自賠責保険被害者請求・後遺障害等級認定業務等です。これらの業務は弁護士でも行えます。

しかし、損害賠償請求業務ができるのは、弁護士だけです。

交通事故において損害賠償請求ができない他士業に報酬を支払うのは、意味があるとは思えません。交通事故に遭われた場合は、弁護士に相談することで初めて被害回復が可能になると言えるでしょう。

弁護士にしか取り扱えない具体例③

裁判所への代理人として出廷できるのは、基本的に弁護士のみと言えるでしょう。

請求する金額が１４０万円以下の場合、司法書士は簡易裁判所へ代理人として出廷できますが、その他の家庭裁判所・地方裁判所・高等裁判所・最高裁判所へ代理人として出廷できるのは弁護士のみです。

いろいろな士業、誰に何を頼めばいいの？

皆さんが耳にしたことのある法律に関する資格（士業）の名前は、一般的に弁護士・税理士・司法書士・社会保険労務士・行政書士等があると思います。

これらの資格がどのように区分けされ、誰に何の相談をすればいいのかについては、一般の方には非常にわかりにくい構造となっているのが現状です。

実際問題として、グレーゾーンと呼ばれる業務が多数あり、多くの方が誰に何を相談すべきかわからないという問題が発生していたり、士業同士で縄張り争いが発生していたり、士業が違法行為（犯罪行為）に手を染めて逮捕者が出ているのも事実です。

ここ最近の士業間の争いとしては、「就業規則を作成していいのは社会保険労務士だけなのか行政書士も作成できるのか」があげられます。社会保険労務士会と行政書士会でそれぞれが声明を発表し、就業規則の作成権限を争っている状況です。

弁護士と他士業の争いでは、弁護士と行政書士の争いがあげられます。マンガやドラマで流行していた行政書士が主人公の物語では、同物語の主人公である行政書士が離婚・相続・交通事故といった事件で、相手方と交渉を行うという越権行為を堂々と行っていました。これは、一般の方が「行政書士が相手方と交渉できる資格であると誤認する恐れがある」として、弁護士会がドラマを放送したテレビ局に対して苦情を申し入れました。

弁護士と司法書士の間でも争いがあります。例えば、代理人として取り扱える簡易裁判所での権限（簡裁代理権）140万円以下の解釈について、依頼人1人に対して140万円以下なのか、相手方1人に対して140万円以下なのかという争いです。

このように、誰に何を頼めばいいのかは、非常にわかりにくい構造になっています。そこで私見ですが、どの士業に何を相談・依頼すべきか、わかりやすいように簡単にまとめてみました。

何かお困りの際は参考にしてみてください。

資格別

・弁護士　………法律が絡む業務は全て（トラブルなどの民事事件・刑事事件・企業法務全般）

・税理士 ………確定申告・決算書の作成、税務に関する業務全般、資金関係
・司法書士 ……不動産登記、商業登記（会社の登記）に関する業務全般
・社会保険労務士 ……就業規則に関する業務、雇用に関する業務、助成金に関する業務
・行政書士 ……許認可業務（飲食・産業廃棄物・古物商等）、官公庁に提出する書類作成業務

対象別

・個人の方 ……**弁護士** 税理士 司法書士
・事業主の方 …**弁護士** 税理士 司法書士 社会保険労務士 行政書士

このように、**個人の方であれば、離婚・相続・交通事故・借金問題・近隣トラブルなどでお困りの際は弁護士に相談**（一部は司法書士でも可）、確定申告や相続税対策等では税理士に相談となります。

事業主の方であれば、企業法務および関連する相談は弁護士、事業資金や決算関係・税務に関する相談は税理士、会社の登記や役員変更の相談は司法書士、就業規則や助成金の相談は社会保険労務士、許認可の相談は行政書士、といった形で区分けするとわかりやすいかと思います。

士業の業務範囲について

弁護士に相談するメリット（個人編）

私は学生時代から、弁護士が経営する法律事務所に約10年勤務していました。勤務していた法律事務所では、民事事件（相続・離婚・交通事故・借金問題・残業代請求等）、刑事事件（殺人・窃盗等）、企業法務（企業顧問・契約書作成・取引先との交渉・就業規則作成等）に携わり、現在では主に士業のコンサルタントとして、弁護士・税理士・司法書士に対してコンサルタント業務を行っています。

弊社に寄せられるご意見の中には、「何を弁護士に相談したらよいかわからない」というものが多数あります。弁護士や税理士等の士業に多く接している方でさえ、「弁護士に相談すべき内容かどうか迷う」というご意見をお持ちの方もいらっしゃるくらいです。

個人の方が弁護士に相談すべき代表的な事項は、

・離婚　・相続　・交通事故　・近隣トラブル　・借金問題　・不当解雇　・パワハラ
・セクハラ　・残業代請求　・B型肝炎　・警察に捕まった場合

等があげられます。

これらの問題は一部で司法書士も対応可能ですが、原則として弁護士に依頼されることをお薦めいたします。**なぜ弁護士をお薦めするのかというと、先にも申しましたように、弁護士は国が認めた唯一の「法律の専門家」であり、弁護士に依頼すれば全てが事足りるからです。**

全ての法律について熟知し、全てのトラブル・紛争問題について代理人として交渉する権限を有しているのは弁護士のみですので、弁護士に相談しない理由が見当たりません。

逆に、離婚・相続・交通事故といったトラブルを弁護士以外に相談した場合、相談した士業に相手方との交渉権限がなかったり、一定の金額（１４０万円）までしか請求する権限がなかったりします。

また、離婚・相続・交通事故・借金問題等と一言で言っても、個々の相談内容により複雑に法律問題が絡み合っていることが少なくありません。複雑に絡み合った法律問題の全てを解決できるのは弁護士のみですので、弁護士に相談・依頼するべきなのです。

《事案×士業別、対応可能な業務について》

ここで、個人の方が弊社に寄せられた「どの士業が、何をどこまでできるのかわからない」といったご質問に対して、弊社が行っている回答例を紹介させていただきます。

相続について、誰が何をできるの？

・弁護士　……全てに対応可能
・司法書士　…法務局での相続登記手続全般・後見手続全般・相続放棄手続の書類作成等

・税理士　……相続税の申告業務、相続税の節税対策、節税を考えた遺産分割方法の提案
・行政書士　…争いが一切ない場合の遺産分割協議書作成・相続人の確定作業・遺言書作成

離婚について、誰が何をできるの？

・**弁護士**　……**全てに対応可能**
・司法書士　…離婚調停申立書の作成代行、不動産の名義変更手続き等
・税理士　……財産分与の際の税務申告
・行政書士　…争いが一切ない場合の離婚協議書の作成、内容証明作成

交通事故について、誰が何をできるの？

・**弁護士**　……**全てに対応可能**
・司法書士　…損害賠償請求額が140万円以下の場合は対応可能
・税理士　……対応できません。
・行政書士　…自賠責保険被害者請求・書類作成代理人として後遺障害等級認定

借金問題について、誰が何をできるの？

・**弁護士**　……**全てに対応可能**
・司法書士　…破産・民事再生申立書の書類作成、債権者との交渉（上限１４０万円）
・税理士　……対応できません。
・行政書士　…対応できません。

【士業別、個人の方の法律問題の相談先について】

個人の方の法律相談に関して、相談すべき士業の整理をしてみましょう。

・相続問題　……**弁護士**・司法書士・税理士・行政書士
・離婚問題　……**弁護士**
・交通事故　……**弁護士**

・近隣トラブル　……**弁護士**
・借金問題　…………**弁護士**・司法書士
・不当解雇などの労働問題　…………**弁護士**
・警察に逮捕されてしまった場合　……**弁護士**

このように、弁護士だったらあらゆる問題に対応可能なことがおわかりいただけたと思います。

逆に、ここに記載のない士業は相談に応じることができても、法的に対応ができない可能性が高いのが実情です。また、一部の士業では違法行為とも思えることを平然と繰り返しているのも事実です。

交渉権限が法的にないにもかかわらず相手方と平然と交渉を行ったり、代理権限がないにもかかわらず代理人を平気で装ったりする士業がいることは、残念でなりません。**弁護士以外に相談に行ってしまうと、二度手間三度手間となってしまう可能性がありますし、相談料だけ支払い続けることになる恐れもありますので、注意が必要です。**

少し難しい話をすると、様々な法律問題は相手との交渉が必要であったり、裁判手続きや強制執行といった差押え等を要したりする場合が多くあります。このような法律問題について全ての手続きを行えるのは弁護士のみですので、弁護士に相談されることをお薦めいたします。

ここ最近、インターネットやSNSの普及により、弁護士以外の一部の士業が違法と思われる広告を平然と出している事例を見かけることがあります。決して、そのような広告に飛びつくことはないよう、注意して下さい。

弁護士でないと対応できない複雑な法律問題の例

私が実際に経験したことです。

奥さんからの離婚相談で、離婚したい理由の一つに、旦那さんの結婚前からの借金返済による生活費の圧迫問題がありました。弁護士が丁寧に約4時間に及ぶヒアリングを行ったところ、借金を整理し、生活費が安定すれば離婚をしなくても済むという案件に変わりました。結果として、借金の整理(破産申立て)を行い、お子様を含む一つの家族が無駄に別れずに済み、安定した生活を営むことができるようになりました。案件終了後も暑中見舞いと年賀状が事務所に届き、「弁護士の先生の適切なアドバイスと対応のお陰で、私たち家族は幸せに暮らしています」と書かれていました。

離婚問題の中には、「感情論」だけではない問題が内在しています。ただ単に離婚協議書を作成すれば済むような案件ばかりではありません。この件のように、離婚問題のヒアリングから内在する法的な問題（この場合は借金問題）に光を当て、法的な問題を解決させることで不必要な離婚問題を事実上解決させる能力と実力を有しているのは、弁護士のみなのです。

弁護士に相談するメリット（法人編）

企業においては「顧問税理士」は身近な存在だと思いますが、「顧問弁護士」については多くの企業がその必要性を疑問視し、顧問弁護士を設置していないのではないでしょうか。

そこで、企業における顧問弁護士がどれほど重要なのかを説明したいと思います。

顧問弁護士を置く最大のメリットは「予防法務」です。

通常、弁護士に相談・依頼する際は、何かトラブルが発生したときだと思われます。しかし、トラブルが発生してからでは対応できない場合や、すでに手遅れになっている場合が多々存在するのも事実です。

企業から弁護士に寄せられる相談の多くは、「もっと早くに相談にきてくれたら防げたもの」が大多数を占めます。ちょっとしたことで「何百万円」や「何千万円」といった単位の損失を負うこともあります。

したがって、高額な損失を出さないように事前に顧問弁護士に確認をしつつ、取引先との関係を保つ必要があるのです。

すなわち、**「予防法務」とは、未然にトラブルを回避することなのです。**

もちろん、弁護士といえどもトラブル回避率は100%ではありません。しかしながら、顧問弁護士を雇い、日頃から弁護士とコミュニケーションを取り、弁護士に自社の状況や取引先に関する印象を伝えておくことで、弁護士は様々な施策を講じることが可能になります。

顧問弁護士料の相場は？

顧問弁護士料の相場は月額3～5万円ほどと言われています。弁護士にもよりますが、この顧問弁護士料の中で取引先との契約書のチェックをしてもらえたり、月に1

〜3時間ほどの無料法律相談が付いていたりします。

裁判を起こされた場合や起こす場合も、通常の費用から割引をしてくれる弁護士も多いので、年間36〜60万円の支出でトラブルを未然に防げる施策を講じられるのであれば、決して高い買い物ではないと言えるのではないでしょうか。

トラブルに巻き込まれ、何百万円や何千万円もの損失を負う直前に弁護士に相談するのではなく、トラブルに巻き込まれないように顧問弁護士に日頃から相談することをお薦めいたします。

業界は大競争時代に突入

食べていくのも難しい？ 〜余剰人員が発生している現実〜

日本の弁護士数は2014年時点で35、045人です（出所「日本弁護士連合会発表資料」）。弁護士になるための司法試験合格者は毎年2、000人程度ですので、2015年には35、000〜36、000人程度まで弁護士は増えていると推測されます。2000年の弁護士数は17、126人なので、14年間で弁護士数は倍増したと言えるでしょう。

また、司法統計で発表されている裁判所に提出された新たな事件の数は、2000年に553万件であったのに対し、2012年には約380万件にまで減少しています。弁護士は増えているのに対し、事件数は減るという現象が起きているのです。

弁護士数と事件数を簡単に整理すると、表のようになります。

弁護士数と事件数

年次	弁護士数（人）	事件数（件）	弁護士１人あたりの事件数
2000年	17,126	5,537,154	323.31件
2002年	18,838	5,876,114	311.93件
2004年	20,224	5,742,031	283.92件
2006年	22,021	5,074,097	230.42件
2008年	25,041	4,432,985	177.02件
2010年	28,789	4,317,908	149.98件
2012年	32,088	3,798,121	118.36件

出所）日本弁護士連合会発表資料および最高裁判所サイト内司法統計より抜粋

表でわかるように、弁護士１人当たりの事件数は減る一方で、弁護士が増え続けるという傾向が、今後も当面の間は続くものと思われます。

このような状況ですので、弁護士にとっては大変な時代であると容易に推測できます。現在の弁護士業界は「大競争時代」に突入したと言えるでしょう。今までは営業活動をしなくとも、様々な相談・案件が容易に獲得できていました。しかし、弁護士の人数が急激に増えるだけではなく、新しい事件が急激に減っていますので、食べて行くのが難しいほどの収入しか得られない弁護士が増えてきています。

生き残るのも難しい？　～悪徳業者まで台頭～

本当か否かは定かではありませんが、一部報道では、東京都内の弁護士で年収が百万円以下の弁護士が3割を超えているとの情報もあるくらいです。

仕事を獲得できない弁護士達の中には、残念ながら弁護士の地位を利用して悪行に走ってしまう者が存在するのも事実です。ここ最近では、依頼者から預かったお金を横領して逮捕される弁護士が増えています。

そういった仕事を獲得できない弁護士達をターゲットにした企業も出てきています。チラシ（ビラ）を無尽蔵にバラ撒き、あり得ない金額を弁護士に請求した上でその弁護士を破産にまで追い込む企業や、法律事務所専門の人材派遣企業を装い、法律事務所を乗っ取る企業があるとの情報も入手しております。

このように、弁護士は生き残るのが本当に大変な「大競争時代」に突入していると言えるのです。

法律事務所の仕組み・働く人々

雰囲気はいろいろ、多様性に富む法律事務所

皆さんは「法律事務所」と「法務事務所」の違いをご存知でしょうか？

弁護士の事務所を「法律事務所」と言います。一方、司法書士や行政書士の事務所を「法務事務所」と言います。あまり知られていませんが、「法律事務所」については弁護士法第20条第1項ならびに弁護士法第74条で定められています。

つまり、法律事務所とは弁護士の事務所という意味なのです。

さて、法律事務所と聞いて、皆さんはどのようなイメージをお持ちでしょうか？

私が知り合いに聞いてみたところ、

・堅そうなイメージ

・ミスが許されない
・怖い弁護士が黙々と仕事をしている
・勤務中に冗談なんて言えない雰囲気

と言ったイメージがあるそうです。皆さんも同様のイメージをお持ちだと思います。
もちろん、このようなイメージそのままの法律事務所も存在すると思います。私も最初はそんなイメージを持っていました。しかし、今はベンチャー系法律事務所という言葉もあるくらいなので、徐々に法律事務所のイメージも和らいでいるのではないでしょうか。

実際の法律事務所は、事務所の所長弁護士の意向によって様々です。勤務者が和気藹々と勤務できる法律事務所もあれば、私語一切禁止という法律事務所もあります。服装もスーツ前提のところもあれば、私服でもOKというところもあります。

私が今までに会った弁護士の中で特に印象的だったのは、上は白いタンクトップ、ズボンは破れたジーンズ、靴はビーチサンダルで現れた弁護士です。

一般的な法律事務所では弁護士はスーツを着ていますし、事務員も男性はスーツがほとんどで、女性はオフィスカジュアルよりも少し硬い印象の服装が多いと思います。

打合せで伺った法律事務所の中には、有線放送を流していたり、お子様と一緒に気軽に来所できるようキッズルームを事務所内に設置していたり、映画の中のワンシーンに出てくるような未来基地を模した内装にしていたりと、様々な法律事務所が今では存在しています。

法律事務所の人員構成

法律事務所で働く人々は、弁護士はもちろんですが、弁護士のサポート業務を行う事務員、簡単な雑用関係を行うパート・アルバイトといった構成が多いのではないでしょうか。大規模な法律事務所になりますと、各弁護士にスケジュール管理等を行う専門の秘書がいたり、来客応対を行う専門の受付がいたりします。こうしたところは、一般的な企業とあまり変わらないと思います。

事務員の主な業務は、

・依頼者や相手方、裁判所等の関係各所からかかってくる電話応対
・弁護士が作成する書類の資料収集
・郵便物の処理

でしょう。大規模な法律事務所になると、電話応対専門部署や郵便物処理の専門部署があったりしますが、多くの法律事務所では1人の依頼者に対して1人の事務員が担当するケースが多いようです。

非弁行為とは

事務員は非弁行為に細心の注意を払いつつ業務を行っています。弁護士及び法律事務所は、弁護士法及び関係する規則によって運営方法が厳格に定められており、事務員にも様々な規制が存在します。その規制の代表的なものが非弁行為です。

非弁行為とは、法律事務所には弁護士のみに許された業務があり、弁護士以外がそ

の業務を行うと弁護士法に抵触し、犯罪になってしまいますよ、と言われる行為です。

事務員が犯してしまいがちな非弁行為の代表的なものとして、「相手方との交渉」「依頼者との契約」が存在します。弁護士によって見解に相違はあると思いますが、基本的には両方とも、弁護士のみに許された行為と言われています。

このように法律事務所には様々な規制が定められていますが、規制を遵守しつつ、現代の流れにも合致するよう、弁護士達は様々な試行を行っています。

新人弁護士の就職状況について

弁護士と聞くと、「1年目で年収1、000万円を超える」「仕事に困ることはなさそう」等と思われると思いますが、実際はどうなのでしょう？

もちろん1年目で年収1、000万円を超える弁護士はいますし、一昔前では新人弁護士の取り合いのような状態が続いていました。

しかし、今では弁護士業界も就職難の時代です。中には法律事務所に就職できない新人弁護士もいます。

弁護士が就職する法律事務所はたくさんあるのに、どうして新人弁護士の中に就職できない人がいるのでしょうか？

アンケートを行ったわけではないので推測の域を出ませんが、現場の生の声を聞いている限り、①法律事務所の経営が苦しく、新人弁護士を雇いつつ教育する余裕がないために新人を募集していない、②昔では弁護士になれなかったレベルの人が弁護士になっているので、法律事務所も雇用したがらない、③誰かの下で働きたくないのですぐに独立する、といったこの3つが大きな理由だと考えられます。

また、数年前までは弁護士1年目の平均年収は600～800万円と言われていましたが、ここ最近聞いた中で最も低い年収は240万円でした。高い方の年収でも、360～480万円くらいの印象を私は持っています。

新人弁護士の知識・経験を上げるだけではなく、弁護士業界全体が一般社会と密接に関わり合う努力をしたり、弁護士のコミュニケーション能力を上げたり、相談者や依頼者に対して上から目線だとも取れる言動・態度を即刻改める等の努力をしない限り、弁護士業界の未来はあまり明るくないのかもしれません。

第2章

依頼する際に必要な基礎知識

弁護士費用の基礎知識

〈費用の基本的な考え方〉

皆さんがレストランに食事に行って代金を支払うのと同じで、弁護士に相談したり依頼したりするには、お金が必要です。

レストランでは、材料を仕入れる食材費、お店を借りるテナント費、従業員の人件費、各種広告費等を加味した上で金額が設定されています。弁護士に相談したり依頼したりする場合にかかる費用は、法律の専門家になるために要した時間、事務所を借りるテナント費、弁護士本人や事務員の人件費、各種広告費等を加味した上で金額が設定されています。

金額の妥当性 ～納得した上で依頼しましょう～

弁護士費用の金額の妥当性についてですが、これは一概に申し上げることはできません。案件の難易度、得られる経済的利益の額、当事者の数等、様々な条件が複雑に絡み合い、弁護士費用の金額は決まっています。

身近な例で考えると、友人と食事に行くのに「幾ら?」と聞かれても、何を食べるのか、何を飲むのかによって金額は変わるため、すぐには答えられないのと同じです。中華なのか、和食なのか、イタリアンなのか、フレンチなのかによって、金額はずいぶんと変わります。それと同じで、離婚、交通事故、相続、借金問題等と事件の概要によって、弁護士費用としてかかる金額も大きく変わってきます。

ここで覚えておいていただきたいのが、弁護士業界はサービス業ですので、弁護士が提示した金額が「高い」と思われた場合は、他の弁護士に相談することが可能だということです。必ず金額に納得した上で、弁護士と契約するようにして下さい。

含まれるのは相談料、着手金、報酬金、実費が基本

私はよく、「弁護士費用ってわかりにくい」という話を聞いたり、「弁護士費用って、結局幾らなの？」と質問されたりします。

以前は、日本弁護士連合会が弁護士費用についての報酬等基準を作成していましたが、弁護士法の改正に伴い、その報酬等基準が2004年4月1日に廃止されました。これをきかっけに弁護士費用の自由化が進みましたが、多くの弁護士は、今でも日本弁護士連合会が作成した（旧）日本弁護士連合会報酬等基準（以下、（旧）弁護士報酬）をもとに、弁護士費用を定めているようです。もちろん、この基準より低い弁護士費用を徴収しても問題ありません。

表は、弁護士に依頼する際にかかる費用の明細の、代表的な内容です。

弁護士費用の主な内容

明細	相場、内訳等
相談料	5,000円～（税別）／30分 10,000円～（税別）／1時間
着手金	民事事件（離婚、相続、交通事故、借金問題等）： 20万円～（税別） 刑事事件（殺人、窃盗、詐欺、痴漢、強盗等）： 20万円～（税別） （注）原則、返金されない
報酬金	「経済的利益の○％」で計算
実費	・旅費交通費 ・日当　半日の日当：3～5万円（税別） 　　　　1日の日当：5～10万円（税別） ・郵券（切手）・印紙代等

相談料の相場は1時間1万円

相談料とは、皆さんが弁護士に相談する際にかかる費用です。基本的には30分5,000円、1時間1万円が相場とされています。この相談では、弁護士から個別具体的なアドバイスをもらうというよりも、一般論を教えてもらうと考えたほうが無難かもしれません。30分・1時間といった時間では全ての背景事情までを把握することができないので、一般論とお考え下さい。

着手金は原則、返金されない。相場は20万円〜

着手金とは、依頼した案件の結果の成功や失敗にかかわらず、弁護士にその案件を対応してもらうために支払うお金です。

着手金は弁護士に依頼した際に支払うお金なので、原則として返金はありません。事情があって途中で他の弁護士に変更したとしても、依頼した案件が失敗したとしても、着手金の返金は原則としてありません。なお、途中で弁護士を変更し、新たな弁護士に依頼する場合、新たに着手金が必要となりますので、ご注意下さい。

ただし、例外もあります。**依頼した弁護士に著しい落ち度があった場合、弁護士会に苦情申立てや懲戒請求を行うと、着手金の一部が返金されることがあります。**

着手金の相場は、

・民事事件（離婚・相続・交通事故・借金問題等）……20万円（税別）～
・刑事事件（殺人・窃盗・詐欺・痴漢・強盗・等）……20万円（税別）～

を目安にしてみて下さい。

もちろん、依頼する案件の内容や難易度等によって、着手金の金額も大きく変わります。弁護士に相談に行かれた際に、詳細をよく確認して下さい。

報酬金は経済的利益の何%で計算

報酬金は、依頼した案件の成功の程度により支払うお金のことです。「経済的利益の何パーセント」という考え方で金額が決まります。

経済的利益について簡単に説明しましょう。貴方が例えば1、000万円のお金を請求されており、弁護士に依頼したところ、600万円で和解できたとします。そうすると400万円の減額に成功したことになり、貴方は400万円の経済的な利益を得たことになります。これを経済的利益と言います。

また、弁護士が案件の内容を総合的に判断して、「○○円程度までは交渉が可能です」や「○○円は減額できると思います」等と言って、弁護士が得られる経済的利益を予想することを見込み経済的利益と呼びます。

見込み報酬金とは、見込み経済的利益にかかる報酬金ですので、見込み経済的利益の何パーセントを報酬金として支払うのかを簡単にでも計算をし、内容を理解しておく必要があります。

多くの弁護士は、着手金を基準に報酬金を設定する傾向にあるようです。一般的に、着手金が高い案件は経済的利益を獲得するのが難しい案件です。着手金が高いと、報酬金も高い傾向にあります。

また、現在インターネット広告を出稿している場合、着手金を無料とし、報酬金を（旧）弁護士報酬より高く設定する弁護士や法律事務所が多いようです。

弁護士と契約する際に経済的利益の何パーセントなのか、また、見込み経済的利益と見込みの報酬金を事前に確認しておきましょう。

報酬金の計算例

弁護士に依頼し、相手方からお金を獲得した場合、依頼者である皆さんの口座に直接お金が振り込まれるわけではありません。基本的に相手方がお金を振り込むのは、皆さんが依頼した弁護士の銀行口座となっています。依頼した弁護士が相手方よりお金を回収し、報酬や実費（後ほどご説明します）関係を精算した上で、依頼者へ残りのお金をお戻しするのが一般的な流れです。

簡単な例で解説してみましょう。

仮に、報酬金が経済的利益の５％（税別）で、８００万円の経済的利益を得られたとします。８００万円の５％は40万円ですので、弁護士が得る報酬金は40万円、弁護

（例）経済的利益：800 万円報酬金：経済的利益 5 %

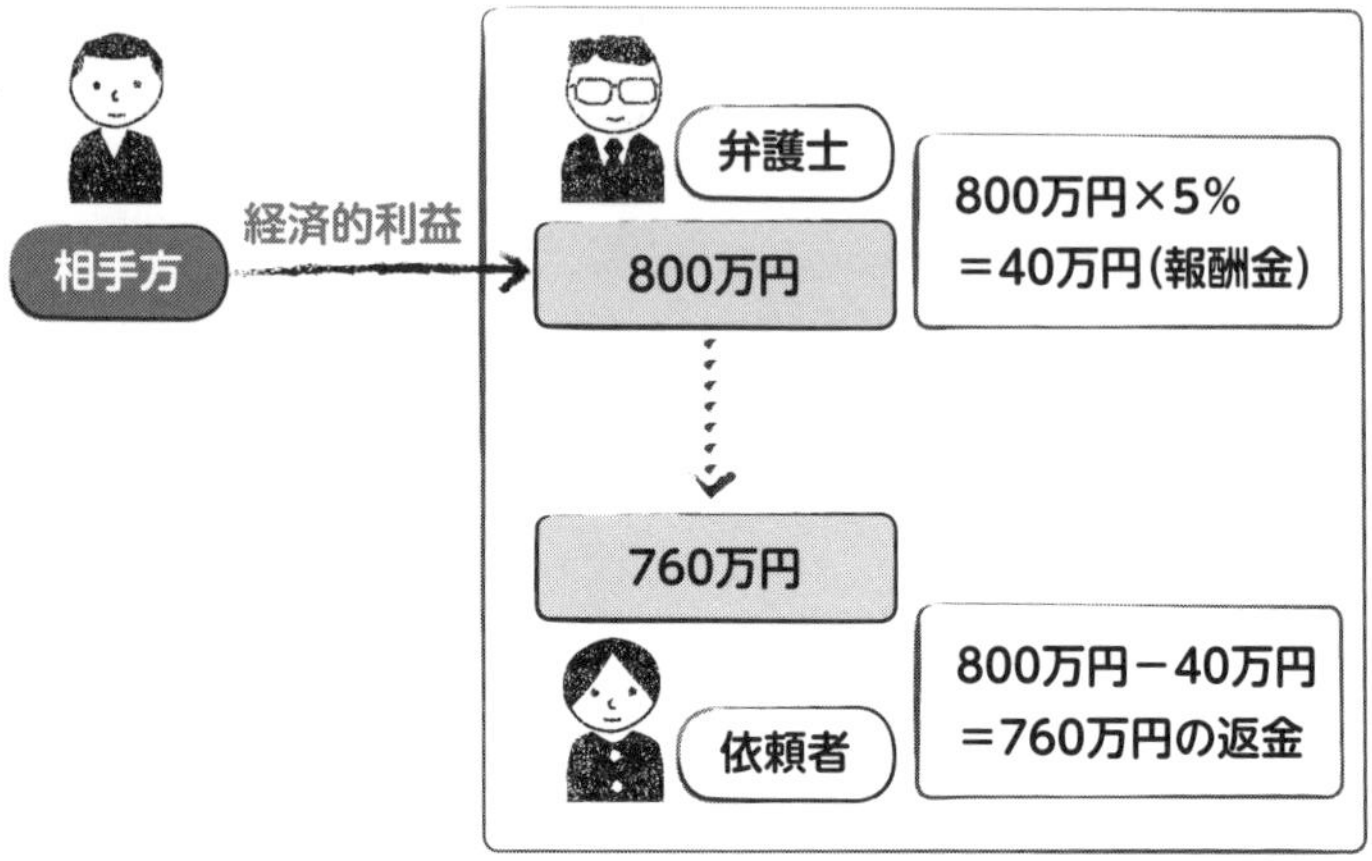

士が依頼者へお戻しする金額は760万円となります。

実費　～採めるのはここ！　きちんと確認しましょう～

依頼者と弁護士が採める理由の一つが、実費の不透明さであるとも私は感じています。ここでは、ほとんどの弁護士が契約書に記してある実費の三つ、旅費交通費、日当、切手代について、説明したいと思います。

旅費交通費

旅費交通費とは、依頼した弁護士の電車移動、バス移動、タクシー移動、宿泊費等を指します。調査に行く際、裁判所に行く際等、依頼された案件に対して弁護士が事務所から離れる際に必要な移動、宿泊費のことです。旅費交通費については、事細かく精算をする弁護士もいれば、一律幾らで徴収する弁護士もいます。

日当

日当とは、裁判、調停、遠方に行く場合等、弁護士が事務所から離れる場合に請求されるお金です。裁判や調停を行っている実際の時間だけでなく、移動時間も日当に含まれます。この点はご注意下さい。

日当の一般的な相場は、

・半日の日当　……3～5万円（税別）
・1日の日当　……8～10万円（税別）

といったところです。「弁護士の1時間当たりの報酬は1～2万円」と覚えておかれるとよいでしょう。

郵券（切手）・印紙代

弁護士がよく口にする「郵券（ゆうけん）」とは、切手のことです。切手代は基本的に次の二つの場面で使用されます。

・交渉の相手に書類や資料を送付する
・裁判所に訴状を提出する

印紙代につきましては、基本的に次の場面で使用されます。

・裁判所に訴状を提出する
・登記簿謄本（会社・不動産）を取得する

弁護士と交わす委任契約書には、「郵券・印紙代は別途〜」という文字がほとんどの場合で記載されていると思います。この部分があまりに高額な場合は、実際に何に使用したのか精算時に確認するとよいでしょう。

このようにすると、皆さんにはわかりやすいかと思います。

依頼内容別弁護士費用の特徴

ここまでに説明したのは、どんな依頼内容でも共通する、基本的な弁護士費用の考え方です。少し特徴的な弁護士費用としましては、

・離　婚　……慰謝料を請求できる側であれば着手金無料の場合有
（例）旦那さんが浮気したので離婚したい奥さんの依頼であれば、着手金が無料になる

・交通事故　……怪我の具合によっては着手金無料の場合有
（例）交通事故の被害者の依頼で、一定程度の怪我の具合の場合は、慰謝料的な請求が容易になるので着手金無料

・借金問題　……過払い金案件は着手金無料
（例）弁護士の経験則で過払い金がほぼ確実に見込める場合は、着手金無料

等があります。ただし、これらの特徴的な弁護士費用は、広告を多用している法律事

務所及び弁護士が掲載している内容で、全ての弁護士が適用している弁護士費用ではありません。相談に行かれた際に必ずご確認下さい。

弁護士費用は決して安くはありません。離婚（主に女性側の依頼）や交通事故（被害者側の依頼）、過払い金案件等は、広告を多く展開している法律事務所ほど、弁護士費用が安くなる傾向にあるようです。

しかし、弁護士費用が安いということは、何かしらのカラクリがあります。「弁護士費用が安い＝悪い弁護士」では決してありませんが、弁護士が対応するのか事務員が対応するのか等注意点はたくさんありますので、慎重に選ばれることをお薦めいたします。

弁護士費用のまとめ

依頼者と弁護士の間で揉めることがあるのは事実です。中には、弁護士費用の金額で揉めることもあると耳にします。

弁護士費用は主に、着手金、報酬金、旅費交通費、日当、郵券（切手）・印紙代の五つで構成されています。弁護士に依頼する場合は、基本的に相談料は不要だと思います。相談だけ行う場合は相談料が必要になります。しかし、企業の顧問弁護士の場合は相談料が別途になっていることが多くありますので、契約する際に必ずご確認下さい。

弁護士は着手金と報酬金については詳しく説明すると思いますが、旅費交通費、日当、郵券（切手）・印紙代については、説明を省く可能性があります。悪徳弁護士になりますと、旅費交通費、日当、郵券（切手）・印紙代について「契約書に掲載されていますので、そちらをご確認下さい」として、詳細について一切述べないこともあるようです。

皆さんにお伝えしたいのは、着手金、報酬金の確認だけではなく、日当が幾らなのか、旅費交通費、印紙郵券代の精算方法、何に幾ら使用したのか、明細を出してくれるのか否かなどを契約時に必ず確認していただきたいということです。

契約時にしっかりと確認しないと、弁護士に依頼したのに、旅費交通費、日当、印紙郵券代で赤字になってしまうこともあるぐらいです。

依頼から終了までの流れについて

《いい弁護士は基本的な説明にも手を抜かない》

中には何度も相談したり依頼したりする方もいらっしゃると思いますが、弁護士に依頼することは一生に一度あるかないかでしょう。

弁護士に依頼したとしても、どうやって解決に導いてくれるのか、どういった手順を踏むのかなど、わからないことだらけだと思います。実際、私はこれまでに大勢の方に弁護士を紹介し、弁護士が交渉から裁判まで担当してくれましたが、私が弁護士をご紹介した方から「いつ頃終わるの？」「交渉の後に裁判をやるらしいけど、裁判って自分も裁判所に行くの？」等の質問をいただくことがあります。

私からすれば、これは弁護士の説明不足及びコミュニケーション不足が招いたことです。**本来であれば、弁護士が事前に「調査や交渉にどの程度の期間を要するのか」**

「解決時期はいつ頃か」等の説明を行うべきだからです。

中には、依頼者との信用を深めるために、口頭での説明の後に書類やデータ等で基本的な流れを改めて教えてくれるような、丁寧な弁護士もいらっしゃいます。

その一方、基本的な流れ等を一切説明しない弁護士もいます。万が一、基本的な流れ等を説明せずに委任契約を求めてくる弁護士がいましたら、他の弁護士に相談し直したほうが得策です。そういった弁護士はお金のことにしか興味がなく、依頼者が抱えている不安や欲している情報を理解していない弁護士だからです。

弁護士を探す方法は主に三つ

①友人や知人に紹介してもらう
②ポータルサイトで探す
③インターネット広告やテレビ広告等で探す

この三つが弁護士を探す主な方法でしょう。

一番のお薦めは①の友人や知人に紹介してもらう方法です。次にお薦めしたいのが、②のポータルサイトで探す方法です。最後が、①も②もどうしても難しい場合に、③のインターネット広告やテレビ広告等で探す方法です。

友人や知人の紹介ですといろいろ特典がある場合もありますし、弁護士に親切かつ丁寧に対応してもらえる可能性が高いので安心です。ポータルサイトで探す場合も、ポータルサイトの情報から人柄や弁護士報酬の料金体系を把握できるはずですので、ミスマッチが少ないと思います。

依頼から解決までは早くて半年

ここでは、すでに弁護士に依頼しているのにもかかわらず何も説明がなかった方や、これから弁護士に依頼しようとしている方のために、弁護士に依頼してからの基本的な流れについて、表を使って簡単に説明したいと思います。

依頼～終了までの基本的な流れ

①弁護士を探す。

①-1 「インターネット広告やテレビ広告等で探す

・法律事務所に電話またはメールで連絡し、相談予約を取る。

①-2 「つなぐナビ※」等のポータルサイトで探す

・つなぐナビの場合、つなぐナビに要望を伝え、日程調整までしてもらう。

①-3 友人や知人に紹介してもらう

・知人に日程調整までしてもらう。

↓

②弁護士に相談する。

↓

③弁護士と委任契約を締結する。

↓

④調査期間

（1）依頼者：弁護士に必要な情報・資料を提供する。

（2）弁護士：必要な情報・資料を収集する。

※この期間は３～６か月程度を見込んでおいて下さい。

※なお、案件の内容・難易度等により６か月以上の長期間を要す場合もあります。

↓

⑤相手方と交渉開始

原則として弁護士が全て対応します。

依頼者には相手方から連絡がくることは原則ありません。

（1）交渉成立：相手方と「合意書」「和解書」「和解合意書」などを締結します。

（2）交渉決裂：調停や裁判など、裁判所で決着をつけます。

⑥裁判になった場合

（1）基本的に、1か月に一度の割合で裁判の日程が決まります。

（2）早い場合：2～3か月で裁判は終わります。

（3）長い場合：裁判が終わるまで数年を要する場合もあります。

⑦解決

相手方と必要書類のやりとりを弁護士が行い、精算業務を行います。

※「つなぐナビ」については、巻末の「著者プロフィール」をご覧下さい。

なお、表に掲載した基本的な流れは、私が約10年に渡り勤務してきた法律事務所での経験を元にしたものであり、全ての弁護士に当てはまるわけではありませんので、十分にご注意願います。

一般論ですが、「弁護士に依頼してから解決するまでの期間は、早くて半年ほど」と覚えておかれるとよいと思います。もちろん、案件によって解決期間は様々です。中には、全てが終わるまでに20年以上を要する案件もあります。皆さんがかかわる可能性の高い相続案件ですと、泥沼化してしまった場合等は解決までに5～6年を要することも珍しくありません。

裁判についての基礎知識

民事事件と刑事事件の基礎知識

皆さんもテレビのニュース等で見たことや聞いたことがある「被告」と「被告人」という言葉。この違いについて明確に理解されていますか？

私は公的機関でのセミナーも開催させていただいておりますが、「民事事件と刑事事件」の区分けをほとんどの方が理解されていないように思います。ここでは、民事事件と刑事事件の違いについて、簡単に説明したいと思います。

被告と被告人の違い

まずは先ほどの質問の答えから説明します。

被　告　……民事事件で訴えられた人（法人）
被告人　……刑事事件で犯人だと疑われている人

とイメージしていただければわかりやすいかと思います。

ニュース等で警察に捕まっている人の映像が流れることがありますが、この場合は刑事事件の扱いとなります。民事事件がニュースになることはほとんどありませんが、10年以上続いている裁判が終わった場合等で、極まれにニュースになることがあります。

民事事件と刑事事件の違い

民事事件と刑事事件の違いは、

・民事事件　……離婚・相続・交通事故・損害賠償・債権回収等
・刑事事件　……殺人・窃盗・強盗・詐欺・横領等

とイメージしていただければわかりやすいかと思います。順番に説明いたします。

民事事件は人対人

民事事件は、人対人の図式です。ここで言う「人」には、法人（株式会社等）も含まれます。民事事件は人対人の争いなので、場合によっては本人訴訟と言って、弁護士に依頼せずに裁判に対応することも可能です。

基本的に「離婚したい」「お金を払え」等、原告（訴えた側）と被告（訴えられた側）が対等な関係で各々の主張を行い、各々の主張の正しさを主張するために様々な証拠資料を提出し、最終的に裁判所（裁判官）が判断を下します。時には、裁判官が「和解したほうがいい」と判断を下し、判決ではなく和解を勧めることもあります。

民事事件の最終的なイメージは、どちらかがお金を払って終わるケースがほとんどであるとお考え下さい。

刑事事件で裁判を起こすのは検察官

刑事事件も裁判の手続きを行いますが、裁判を起こすのは、国を代理した検察官です。司法試験に合格した法律のプロである検察官に対抗できるよう、犯人だと疑われている被告人は同じ司法試験に合格した弁護士に依頼する権利が認められています。

刑事事件はドラマ等でも放送されているように、疑わしい人をまずは警察が逮捕します。逮捕後、警察で取り調べを行い、犯人であるとの確証が揃った場合に初めて、検察官が再度取り調べを行います。検察官での取り調べで「この人は犯人である」との確証を得られた場合に、検察官は刑事裁判を起こします。刑事裁判を起こされますと、日本では99%の確率で有罪判決が出ていますので、前科者となってしまいます。ドラマであるような無罪判決を獲得することは、実際には至難の業でしょう。

刑事裁判は、犯人であると思われる被告人に対して、刑法で定められた罰を与えることが適切か否かを裁判所が判断をする手続きです。少し難しい話をしますと「被告人は無罪である」という無罪推定から始まり、検察官が被告人を犯人であると証明する資料を順次提出するイメージを持たれるとわかりやすいかと思います。

なお、被告人が無罪の立証を積極的に行う必要はありません。検察官が有罪を立証できなければ無罪という考え方です。

民事事件裁判の基本的な流れ

①訴訟前準備

↓

②訴状の提出

↓

③第1回期日の指定

↓

④訴状の送達

↓

⑤答弁書の提出

↓

⑥第1回口頭弁論期日

↓

⑦弁論期日・弁論準備期日

↓

⑧証拠調べ期日

↓

⑨和解の試み

↓

⑩最終弁論期日

↓

⑪判決言い渡し

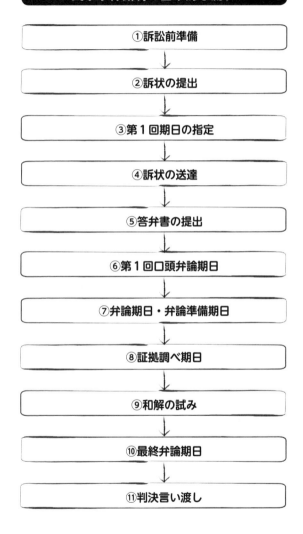

刑事事件裁判の基本的な流れ

①捜査は、検察官が主体となって行い、検察事務官は検察官を補佐し、又はその指揮を受けて捜査を行う。

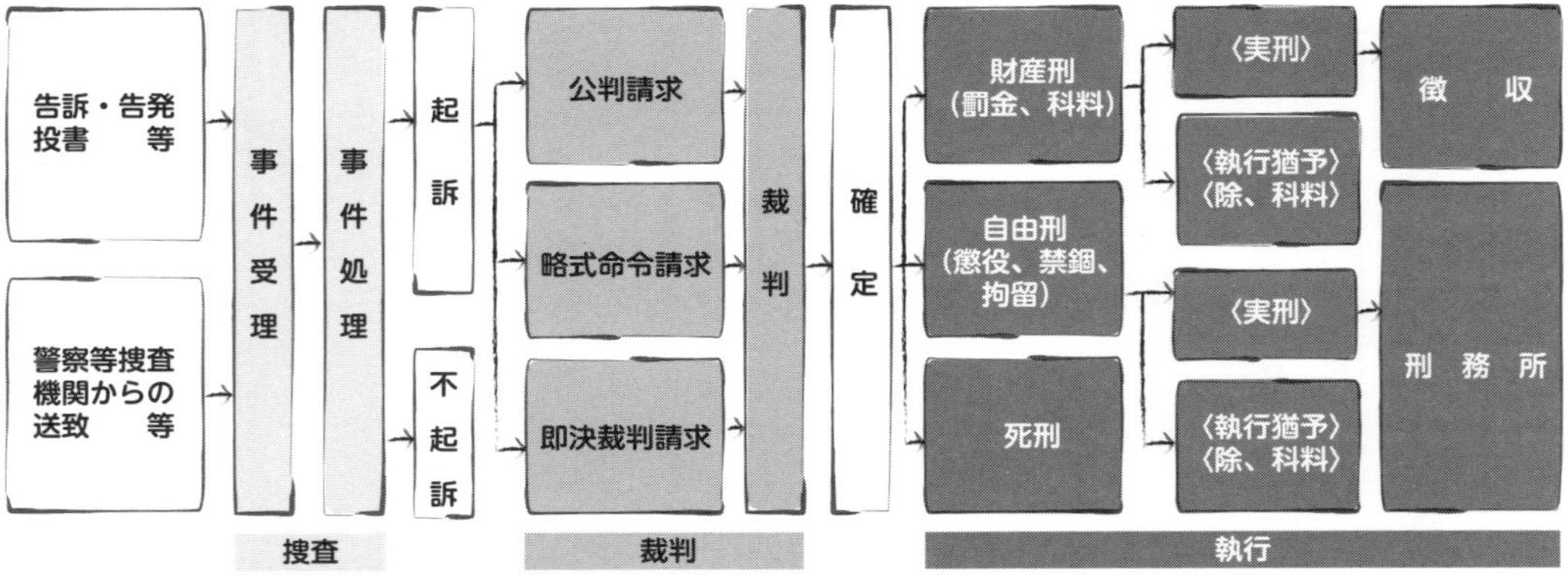

②事件は、在宅事件と身柄事件とがあり、取調べ、各種令状の請求、執行等が行われる。

出所）法務省「刑事事件のフローチャート」：http://www.moj.go.jp/keiji1/keiji_keiji09.html

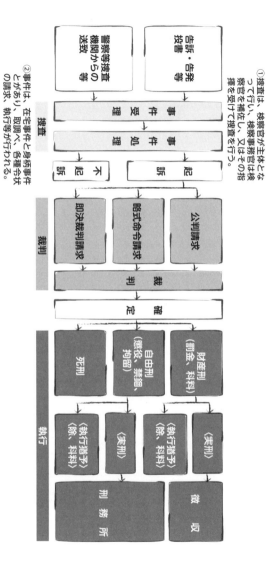

いい弁護士の選び方
上手な付き合い方

第3章

事務所案内や広告に騙されないで下さい！

事務所規模に騙されてはいけない

【事務所に何人いようと、担当するのは原則として1人の弁護士】

皆さんもインターネット広告や電車内広告等で、

「弁護士○○名所属」
「スタッフ○○名所属」

といった法律事務所（弁護士事務所）の宣伝を見かけませんか？
一般的には「事務所内に○○名の弁護士がいます」という表記は、「弁護士の先生がそんなにたくさんいる法律事務所であれば、凄い事務所なのだろう」と皆さんが安心する材料の一つになるかと思います。

そうです。ここがいい弁護士選びの最初のポイントなのです！

なお、ここでのインターネット広告とは、インターネットのウェブサイト（「Google」「Yahoo! JAPAN」等）やアプリ等を利用して行う、法律事務所の宣伝活動のことです。

代理店主導による宣伝文句

こうした宣伝文句は、おそらく法律事務所の意図で作成しているのではなく、広告代理店が皆さんに「安心を与える」とか「他の法律事務所との差別化」といった意図で「弁護士〇〇名所属」等のキャッチフレーズを作成していると思われます。しかし、皆さんからの依頼を法律事務所の全員で対応することはまずあり得ませんし、弁護士が何名所属していようとも、皆さんからの依頼に対応するのは原則として1人の弁護士です。

中には、弁護士2〜3名でチームを組みつつ、皆さんからの依頼に応じる法律事務所もありますが、実際には皆さんが相談する時に会った弁護士が担当するケースがほとんどです。その他の弁護士は、皆さんの依頼内容の情報を共有しているに過ぎないことが多いようです。

スタッフ（事務員）の数について

最近は「スタッフ（事務員）が○○名所属しています」といった形で、事務員の数をホームページ等に出し始めた法律事務所も存在するようです。しかし、事務員は有資格者ではないので、事務員の数が「信頼」に直結することはまずありません。

また、事務員の数が多いということは、それだけ事件数も多いと容易に推測することができます。ですが、弁護士が指導・監督下に置ける事務員の人数には限りがありますし、事件数が多過ぎると、弁護士ではなく事務員主導で法律事務を行っている可能性が高いと推測されます。そのような法律事務所は、まずお薦めできません。

人数の多い法律事務所がいい法律事務所なのか？

話を戻しますが、弁護士を多く所属させている法律事務所は、弁護士への給与（報酬）やテナント代金で毎月の支出が多くなる傾向にありますので、それだけ多くの相談や依頼を獲得する必要があります。多くの相談や依頼を獲得するために、今ではほとんどの場合、インターネット広告を多用しています。

多くの法律事務所がインターネット広告を利用しているため、多くの相談や依頼を獲得する必要がある法律事務所は、「弁護士○○名所属」や「スタッフ○○名所属」といった言葉を用いて、広告を出している他の法律事務所と差別化を図っているだけです。

つまり、**弁護士の数や事務員の数が多いことだけでは、いい法律事務所と言うことはできません。**

弁護士は日本弁護士連合会が定める広告に関する決まり事で、広告に掲載できる内容が一定程度決められています。したがって、インターネット広告やテレビ広告で、あまりに「いい法律事務所だな」「ここの法律事務所は信頼できるかも」と思ってしまうような言葉を多く用いている法律事務所には、依頼しないほうが身のためだと思います。

日本の大規模5大法律事務所と広告

参考までに、2014年3月31日時点で弁護士が多く所属している大規模な上位5つの法律事務所は、表のようになっています。

この大規模5大法律事務所は日本でも有数の法律事務所であり、法曹界を志したり法曹界にいる人間であれば、誰もが知っているような法律事務所です。

これらの大規模5大法律事務所は、インターネット広告を出しておりませんし、「所属弁護士○○名」という言葉はホームページでも用いていません。

ここでちょっと視点を変えて考えてみましょう。皆さん、一般企業が「営業マン○○名在籍」と謳うホームページをご覧になったことがありますか？　ないですよね？

それだけ、在籍している弁護士や事務員の数を宣伝文句に使うのは意味のないことであるにもかかわらず、弁護士業界においては平然と使われています。ある意味、特殊な世界と言えるのかも知れません。

なお、これらの大規模5大法律事務所は、大企業と言われる会社の顧問弁護士に多く就任しており、経営の安定した法律事務所だと推測されます。企業法務を得意分野としており、一般の方の相談や依頼を率先して引き受けていないため、インターネッ

上位５大事務所に所属している弁護士の数

事務所名	弁護士数
西村あさひ法律事務所	４７３名
森・濱田松本法律事務所	３３６名
長島・大野・常松法律事務所	３１７名
アンダーソン・毛利・友常法律事務所	２９６名
ＴＭＩ総合法律事務所	２９２名

出典）日本弁護士連合会ＨＰより抜粋
http://www.nichibenren.or.jp/library/ja/publication/books/data/2014/whitepaper_jimusho_bengoshisu_2014.pdf

ト広告やテレビ広告を出す必要がない法律事務所ですので、この点は混同しないよう、注意して下さい。

支店が多い法律事務所がいい法律事務所なのか？

弁護士の数を謳うのと類似した表現になりますが、

「支店〇〇箇所にあります」
「首都圏〇〇箇所のネットワークでサポートします」
「お好きな支店をお選び下さい」
「全国〇〇支店展開中」

といった言葉を法律事務所の広告で見かけたことがありませんか？

こちらも先ほどの弁護士の数を自慢している法律事務所と考え方は全く同じです。仮に日本全国に支店があったからと言って、皆さんからの相談や依頼に全国で対応するわけではありません。

日本人に生まれておきながら日本人を批判するわけではありませんが、日本人は「規模が大きい＝安心できる」、または「規模が大きい＝信頼できる」と無条件で信じてしまう方が多いように思います。この心理を上手に利用して皆さんからの相談や依頼を得るために、「目立つために」「差別化を図るために」「安心を得るために」並べ立てているにすぎません。

弁護士が支店を出す主な理由

弁護士が「支店」を出す主な理由としましては、

・支店がある地域の相談や案件を獲得しやすくなる
・支店がある裁判所や検察庁、警察署に近く、利便性が高い
・弁護士経験の浅い弁護士を派遣し、実務研修を積ませやすい
・支店数が増えれば信頼を得やすい（日本人の場合）
・東京だと相談や依頼を獲得しにくいが、地方だとまだまだ獲得しやすい
・地方だとテナント料が東京に比べて安く、支店展開しやすい
・地方だと支店を出しても広告を少し出せば案件が獲得しやすい

等があげられます。もちろんこれだけではありませんが、テレビ広告やインターネッ

ト広告を出しているような法律事務所は、ここにある理由の2〜3個は当てはまるものだと思います。

そもそも、大手企業等の顧問先を有しない法律事務所が巨大化していった背景には、皆さんもお聞きしたことがあるかと思いますが、「過払い金バブル」により巨額の富を得たり、事務員を雇用し過ぎて巨大化し、一箇所の法律事務所だけでは収まりきらずに支店展開を行っていったりしたのが、一つの理由としてあったと言われています。

このように支店数が多いとか、大きな法律事務所であることが、いい法律事務所であると断言することはできません。

もちろん、支店がある法律事務所で「いい法律事務所」と呼べる事務所が多く存在することも事実です。しかし、支店数が多い法律事務所でいい法律事務所と呼べる事務所は、広告をさほど出していません。**広告を出しているか否かでいい法律事務所かどうかを判断するのも、見極めのポイントの一つかもしれません。**

肩書きに騙されてはいけない

《○○委員会等の肩書きには意味があるのか？》

私は仕事柄、多くの弁護士と接する機会を与えられてきました。しかしここ最近、弁護士の名刺やホームページの肩書きに非常に違和感を覚えます。「○○委員会　事務局長」「一般社団法人○○認定資格　△△士」といった肩書きを押し出す弁護士には、依頼されないほうがいいかと思います。

そもそも弁護士の委員会活動とは弁護士会内の委員会活動なので、相談者の立場で言えば、正直なところあまり意味がありません。事実、私が以前勤めていた法律事務所では、所長弁護士が多くの委員会活動に参加していて、委員会の会合・飲み会・視察という名の旅行で事務所不在が非常に多かったことを鮮明に覚えております。

次に「一般社団法人○○認定資格　△△士」といった肩書きについてですが、詳細を記載すると長くなり過ぎるので簡潔に説明しますと、一般社団法人という団体は自由に民間資格を発行できます。民間資格というのは、一般社団法人やNPO法人を設立すれば誰でも発行することが可能です。

もちろん、こういった資格を批判しているのではなく、弁護士がこういった資格を名刺やホームページに掲載していること自体に違和感を覚える、ということなのです。

もしかしたら、私は少し古いタイプの感覚の持ち主かもしれません。

しかし、**最難関の国家試験に合格し、様々な実務研修を積んで「弁護士」になったにもかかわらず、弁護士であれば数万円のお金を出せば取得できる資格を名刺やホームページに掲載しなければ皆さんからの相談や依頼を獲得できないのかと思うと、その弁護士を頼りないと感じてしまうのです。**

あくまで私見に過ぎませんが、名刺やホームページに不必要な肩書きを記載している弁護士は「仕事がない」「仕事を獲得できていない」弁護士だと考えてしまい、この弁護士に依頼しても大丈夫なのかと不安になってしまいます。

今では、名刺に誕生日・趣味・家族構成・出身地等を記載する弁護士まで出現してきました。そこまでしないと「仕事が獲得できない」「覚えてもらえない」のは非常に悲しい事態だと思いますし、そういったきっかけがないと会話を膨らませられないのかと考えると、コミュニケーション能力がないのかな……と不安にもなってしまいます。

マスコミ出演歴に騙されてはいけない

テレビに出演している弁護士が必ずしもいい弁護士だとは言えません。

今ではワイドショー等でもコメンテーターやご意見番として弁護士が出演することも多いようです。

確かに、大きな裁判を扱い、弁護士として確固たる実績を有してテレビ局からお声のかかる弁護士が多数いるのは事実です。しかし、実は弁護士としていわゆる芸能事務所に所属し、芸能事務所がテレビ番組に営業活動を行い、テレビ出演している弁護士がいるのも事実なのです。

テレビ等のマスコミに出演している弁護士の中には、弁護士としての活動をほぼしていない方もいます。事実、タレント弁護士としてテレビに出演し、実際は依頼を受けた案件を放置したために弁護士会から厳重注意を受けている弁護士や、依頼は受けたけれども他の弁護士に一任し、連絡窓口としてのみタレント弁護士が行っているようなケースも存在しているのです。

しかし、こうした情報は一般の方にはなかなか伝わりません。そのため、「テレビに出ている弁護士だから凄い弁護士なんだ」と思ってしまい、そういった弁護士に相談したり依頼したりしてしまう方が少なくないのも事実です。

弁護士として確固たる実績がある方も大勢いらっしゃいますので、**マスコミ出演歴がある弁護士＝悪い弁護士とは言えませんが、マスコミ出演歴がある＝いい弁護士とは断言できませんので、注意が必要です。**

専門分野に騙されてはいけない

《そもそも弁護士に専門表記はＮＧです》

法律事務所の広告を見ていると、時折、「離婚専門」「相続専門」「交通事故専門」といった表記を見かけることがあります。

例えば、皆さんが相続でお困りの際、「相続専門」という記載があると、「あ〜、この弁護士は相続問題に詳しいだろうから、ちょっと1回相談してみようかな」と素直に思うことでしょう。

しかし、ちょっと待って下さい。

弁護士は日本弁護士連合会が定める広告に関する決まり事で、「専門」と表記することを控えるよう指示されています。

詳しく説明しますと、「弁護士及び弁護士法人並びに外国特別会員の業務広告に関する運用指針」の第3条第11項において、次のように明記されています。

弁護士及び弁護士法人並びに外国特別会員の業務広告に関する運用指針
第3　規程第3条によって規制される広告
(11) 専門分野と得意分野の表示
ア　専門分野は、弁護士情報として国民が強くその情報提供を望んでいる事項である。しかし、現状では、何を基準として専門分野と認めるのかその判定は困難である。
～略～
客観性が担保されないまま「専門家」、「専門分野」の表示を許すことは、誤導のおそれがあり、国民の利益を害し、ひいては弁護士等に対する国民の信頼を損なうおそれがあることから、現状ではその表示を控えるのが望ましい。
～略～

（出所）日本弁護士連合会　http://www.nichibenren.or.jp/library/ja/jfba_info/rules/data/kaiki_gyoumukoukoku_unnyoushishin.pdf

わかりやすく説明しますと、弁護士の世界では「専門」と名乗る基準が何も定められていないということです。言い方を変えると、事実上、弁護士資格を有した1日目から「専門」を名乗ることが可能な状態なのです。このため、広告において「専門」という言葉の使用を認めてしまうと、誰でも「専門」を名乗り、その表記を信用した皆さんの利益が損なわれる可能性があるので、「専門」という言葉を使用しないようにしましょう、と定めています。

つまり、「○○専門」「△△専門特化」「□□専門分野」等は弁護士会が認めているのではなく、弁護士が勝手に名乗っているだけに過ぎないのです。「専門」という言葉を用いた広告表記がある弁護士及び法律事務所はこの指針を知らないか（そんなことはないと思いますが）、皆さんの利益を害しても構わないという考えの法律事務所かもしれません。このため、相談されたり依頼されたりすることはお薦めいたしません。

事実、「○○専門特化」や「□□専門」と名乗っているほとんどの法律事務所は、他の事案もたくさん受けています。広告でのみ「専門」の言葉を使用している弁護士と知り合った際に話を聞いてみると、「○○は顧客を勧誘するためだけの広告手段」「□□は女性受けがいいですから」と言う返事が返ってくることもあるぐらいです。

「専門」と付く言葉を用いた広告を出している法律事務所は他の弁護士からは評判も悪く、「専門と書いてあるけど、弁護士報酬○○万円以下は受けない」「専門と書いてあるけど、依頼者からのクレームも多い」との話も聞きます。ですので、近づかないほうがいいのではと個人的には思います。

得意分野と不得意分野の見分け方

広告の内容があまり信じられないとなると、何を判断基準に弁護士に相談・依頼すればいいのでしょう?

知り合いからもよく質問される内容ですが、得意分野と不得意分野を外から見極めることは至難の業です。しかし、弁護士にも得意分野と不得意分野が存在するのは事実です。不得意分野については、「不得意分野」と言うよりは、「未経験分野」と「経験が浅い分野」と言い換えたほうが正しいかもしれません。

所属している法律事務所の特色もありますので、「経験が豊富な分野＝得意分野」「経験が浅い分野＝不得意分野」とお考えいただければわかりやすいかと思います。

しかし、弁護士はプライドの塊とも言える職業ですので、不得意分野の相談が来た際に、「○○という案件は不得意です」と言うことはまずありません。ですが、「こういった案件は今までに経験がないので……」と正直に伝える弁護士もいます。後者の場合、一生懸命に勉強して不慣れながらも頑張っていただける弁護士と、適当に手を抜いてしまう弁護士の2種類に分類されると思います。

不慣れながらも一生懸命に頑張っていただける弁護士か否かは、皆さんの判断にお任せする他ありません。

広告出稿の量で優劣はあるのか？

《広告の資金はどこから捻出されているのか？》

広告を出すにはとてもお金がかかります。インターネット広告にしても、テレビ広告にしても、雑誌広告にしても、高額の広告費を必要とします。

テレビ広告については月間1億円を超える広告費を出しているものも少なくありませんし、インターネット広告についても、「離婚」「相続」「交通事故」「過払い金」等、非常に多く検索されるキーワードですと、とても高額になります。インターネット広告を多用している法律事務所は、月間1、000～3、000万円の広告費を費やしていると言われています。

過払い金バブルと広告費

では、この広告費がどこから捻出されているのか、少し考えてみましょう。鋭い方であればすぐにおわかりいただけると思います。そうです。2005～2010年頃に弁護士業界で流行っていた「過払い金バブル」時に得た資金を元に、広告に投下している可能性が高いと言われています。

過払い金バブルで弁護士達は本当に多くの報酬を手にし、中には年収1億円を超えたと言われている弁護士も存在します。弁護士達はいずれ終わると見られていた過払い金バブル時にお金を貯めておき、それが終わったと言われている現在（本書を執筆しているのは2015年です）では、弁護士業界のトレンドとも言われている「離婚」「相続」「交通事故」等の広告展開に必死になっているのです。

すなわち、本書執筆時点で弁護士業界のトレンドである「離婚」「相続」「交通事故」等の広告を展開している法律事務所の多くが、かつて「過払い金」「自己破産」「任意整理」「民事再生」等の案件で大量に事件を処理し、資金を得た法律事務所であると推測されます。

過払い金バブルとは

2006年、最高裁判所は消費者金融業者に対して、「利息制限法」の上限金利である年利15～20％と、「出資法」の上限金利である年利29・2％の間の曖昧にされてきた金利を、15～20％にするとの判決を出しました。これにより、今までに払い過ぎていたグレーゾーン金利を取り戻そうと、消費者金融を利用していた人たちが一斉に動き出しました。

実際の過払い金請求の手順としては、弁護士や司法書士が代理人となり、消費者金融に今までの全ての取引履歴の開示を求め、交渉や裁判により過払い金を取り戻すという比較的簡単な作業を繰り返すだけの案件でした。弁護士と司法書士にとっては、時間と労力をかけずに過払い金の成功報酬を容易に獲得できるオイシイものでした。

金融業者に対して弁護士や司法書士が請求した過払い金総額は10兆円とも言われており、弁護士や司法書士が獲得した報酬は3兆円にのぼると言われています。単純に、弁護士3万人で3兆円を稼いだと仮定すると、弁護士1人当たり1億円の報酬を稼いだことになるので、まさしく「過払い金バブル」だったと言えます。

広告を多く出すのは、事務員がほぼ全ての対応を行う法律事務所かも？

多くの方は弁護士の知り合いがいないと思います。何かお困りごとが起こった際にはインターネットで検索したり、テレビ広告を見て法律事務所に問合せをしたりすることが今では多いと思います。しかし、**「広告を出している量が多い＝いい弁護士」であるとは言いにくいものなのです。**ここでは、それがなぜなのかを述べようと思います。

現在、弁護士業界で獲得しようとしている案件の主なものは、「交通事故」「離婚」「相続」「過払い金」です。もちろん、他の種類の案件も弁護士達は欲していますが、テレビ広告だと「過払い金」、インターネット広告だと「交通事故」「離婚」「相続」が主流になっています。

理由は簡単で、これらの案件は法律事務所の事務員でもわかりやすく、定型化しやすい案件と言われているからです。

誰のためのノウハウなのか

本来は、弁護士が一つ一つの事件を丁寧に精査し、事務員に指示を出しつつ相談者の利益を守るのが仕事です。

しかしながら、広告をたくさん出していると、本当に多くの問合せや相談があるので弁護士だけでは手が回らず、結果として事務員主導で案件を処理せざるを得ない状況に陥ります。

経営者としては、弁護士よりも事務員のほうが給与を安く抑えられます。相談内容の事案を定型化させ、誰でも処理できるように効率的に案件処理を行うことにより、法律事務所の利益率を高めることが可能になります。利益率が高まることで、また高額な広告に還元していくという構造が容易に推測できます。

広告を出している多くの弁護士は、「案件の量が集まればマニュアル作成が容易になり、対処方法などのノウハウが集まる」と、こぞって口にします。確かに、弁護士にとって「ノウハウ」は非常に重要な武器であり、今後の自分を成長させる重要な要素であることは間違いありません。しかし、その「ノウハウ」が弁護士にではなく事務員に蓄積されていくことに疑問を感じるのは、私だけでしょうか。

広告がたくさん出ていると、一般の方がその法律事務所を目にする機会が必然と増えます。目にする機会が増えると、必然的に「あれだけ広告を出しているのだから、いい法律事務所なのだろう」という錯覚に陥る可能性が、残念ながら高くなります。**「広告を出している法律事務所＝いい法律事務所」というイメージが先行してしまいがちですが、これは決してそう断言できるものではないので、十分に注意が必要です。**

【広告をあまり出さないのは、基本的に弁護士が対応する法律事務所】

広告をあまり出さない法律事務所は、大きく分けて独立したばかりの弁護士か、昔から弁護士として活躍している弁護士の、大きく二つに分けられます。

「広告を出さないいい法律事務所＝いい法律事務所」と断言することはもちろんできません。また、広告を出さない法律事務所だからと言って、多くの相談や依頼を受けていないと断言することもできません。

広告を出さない法律事務所にいる多忙な弁護士は、原則、知り合いからの紹介の相談を受け付けている弁護士が多いと思われます。私の知り合いの弁護士の中には、「一見さんはお受けしません」と断言されている弁護士もいらっしゃいます。

広告を出さない多くの弁護士は、一人一人の相談者や依頼者を本当に大切にされている方が多い印象があります。

私が知っている弁護士に、面談（ご相談）に2時間以上の時間をかける方がいます。その弁護士に理由を伺ったところ、「弁護士にとっては1人の依頼者でも、相談者からすれば人生の相談をする貴重な時間。場合によっては人生が一変してしまう可能性がある。なぜトラブルや紛争になってしまったのか、どういう解決を望むのかを30分やそこらで全てを聞き出すことは自分にはできない。真摯に相談者に向き合い、理由・根拠・解決策・心理ケアの全てを行うことが、弁護士としての最低限の仕事だと思う」とおっしゃっていました。

このように、広告を出さない弁護士は紹介によって案件を獲得しているわけですが、相談者や依頼者一人一人との時間を確保するために、あえて多くの案件を獲得しようとしていないのです。中には広告の出し方を理解していない弁護士や広告を出すお金がない弁護士もいると思いますので、このことが全ての弁護士に当てはまるとは断言できません。

しかし、広告を出していない弁護士の多くは、弁護士が対応可能な数の案件しか受けないために、基本的な対応は全て弁護士本人が行っていると言えるでしょう。

依頼リスクが高い弁護士とは？

次の表のチェックリストに一つでも当てはまる場合は、依頼するリスクが高い弁護士かもしれません。既に弁護士に依頼されている方はぜひ確認いただき、これから弁護士を探される方はこのリストを参考にしみて下さい。ただし、あくまでも私自身の知識と経験等によるものですので、最終的にはご自身での慎重な判断をお願いいたします。

依頼するリスクが高い弁護士、法律事務所

☑インターネット広告やテレビ広告をたくさん出している

☑ホームページに「○○専門」「○○に専門特化」等、「専門」という言葉がある

☑ホームページに「全国△△の支店数」「××名のスタッフ在籍」等、事務所規模を謳う項目がある

☑名刺やホームページに「一般社団法人認定資格△△士」「誕生日」「趣味」「出身地」等、弁護士以外の肩書きや、弁護士業務には関係なさそうな内容が掲載されている

☑連絡が弁護士からではなく事務員（パラリーガルを含む）からしかこない

第4章

面談時・依頼してからのチェックポイント

面談時、依頼後はここをチェック

法律事務所の雰囲気 ～依頼者の秘密を守るための環境～

皆さんの多くは、法律事務所に行かれたことはないでしょう。法律事務所の入口には「○○法律事務所」という立派な看板があることがほとんどで、初めて訪れた際は、それを目にしただけで萎縮してしまうかもしれません。

法律事務所の入口を入ると、ほとんどの場合、女性秘書が応接室等に案内してくれます。通された応接室がかなり豪華に作られていたり、防音仕様で作られていたり、法律関係の書籍がたくさん並べてあったりするので、慣れていないと威圧感を感じ、応接室のソファに座っただけでまた萎縮してしまうかもしれません。

ドラマや漫画等では、茶色（木目調）を基調とした応接室が登場することが多いものですが、ここ最近作られた法律事務所の応接室は白色が基調となっていることが多

いようです。後者の場合、とても明るい感じがする応接室になっていますので、初めて訪れた時であっても、そんなに萎縮しないでいられることでしょう。

法律事務所の間取りというのは、弁護士・事務員・秘書が執務するための執務室と、相談者や依頼者が訪れる応接室に明確に分かれています。法律事務所によって執務室と応接室の呼び方はいろいろですが、用途はどの法律事務所でもほぼ同じです。

相談者は原則として執務室には入ることはできません。なぜなら、執務室には弁護士が依頼を受けた方達の資料等が置いてあり、弁護士には守秘義務がありますので、関係者以外は執務室には入室できないのです。

執務室と応接室は防音仕様になっていることが非常に多いです。その理由は、もちろん守秘義務に由来します。

例えば、執務室にいる事務員がすでに依頼を受けている方の名前や案件の概要を電話で話しているのが、応接室にいる相談者に聞こえてしまうようなことがあってはいけません。万が一にも聞こえてしまった場合は個人情報の流出につながりますし、弁護士が負っている守秘義務違反に該当する可能性が高いからです。

ただし、防音仕様にするのは非常にお金がかかるため、防音仕様になっていない場合ももちろんあります。そうした場合は、執務室と応接室の声が互いに聞こえないような配慮がなされています。

このように、法律事務所は依頼者の秘密を守るためには最適な環境になっていますが、その一方、個人の相談者にとっては萎縮しやすい環境であると言えるでしょう。

弁護士の守秘義務とは

職務の特性上秘密の保持が必要とされる弁護士は、正当な理由なく職務上知り得た秘密を漏らした場合、処罰の対象となります。これは弁護士法第23条にも規定されています。

主に、依頼を受けた方の個人情報及び相談内容等を第三者に開示することを禁止している、とお考えいただければわかりやすいかと思います。

例えば、私が離婚問題を抱えているAさんを弁護士に紹介したとします。離婚問題が解決したとして、私が弁護士に「Aさんの離婚問題はどう解決したのか？」と聞いたとしても、弁護士が私に対してAさんの離婚問題について回答することは守秘義務違反になってしまうので、回答することはありません。

面談を行うのは誰？

ほとんどの法律事務所では、相談者との面談や打合せを弁護士が行います。「あれ？そんなの当たり前でしょ？」「何を言っているの？」と思われる方もいらっしゃるかもしれません。しかし、これらを弁護士が行わず、その大半を事務員が行う法律事務所があるのも事実なのです。

この本を読んで「法律事務所に相談に行ったのに、私は弁護士とほとんど話をしていない」と思った方は、十分に注意して下さい。

相談者が法律事務所を訪れた際、簡単な個人情報（氏名・連絡先等）や企業情報を事務員がヒアリングすることはあると思います。しかし、具体的な相談内容を弁護士がヒアリングしない法律事務所ならば、今すぐに弁護士の変更をお薦めいたします。

相談内容というのは、本当に複雑かつ繊細なものです。例えば、

- 離婚相談　……結婚してから今までの状況、夫婦生活の有無、不貞行為の有無
- 借金相談　……初めて借金をした経緯、借金をしたお金を何に使用したのか、夫婦関係、収入

・交通事故　……事故当時の状況、警察とのやりとり、怪我の状況、収入状況
・相続相談　……争いの根本にあるもの、遺産総額、亡くなった方の面倒を誰が見ていたのか

等は、表面的な解決を図るだけでなく、潜在的な問題も相談者からヒアリングし、法的に何ができるのかを判断する必要があります。

複雑かつ繊細な相談内容を十分にヒアリングして解決に結び付けられるのは、法律のスペシャリストと呼ばれる弁護士のみであり、法律事務所の事務員が簡単に行えるものではありません。

ここで皆さんにお伝えしたいのは、簡単な個人情報以外のヒアリングを、チェックリスト等を用いて事務員が行っている法律事務所には依頼するべきではない、ということです。ここ最近では過払い金、借金問題、離婚問題、交通事故問題、相続問題、B型肝炎に関する案件等について、弁護士ではなく事務員が対応する法律事務所が増えているとの情報があります。十分に注意して下さい。

皆さんの相談内容をきちんとヒアリングできるのは、弁護士だけなのです。

弁護士から連絡が来ますか？

いい弁護士は、原則として依頼者への連絡を弁護士が行います。

すでに法律事務所に相談に行って依頼をし、「そんなことは当たり前でしょ？」と思った方は、今の弁護士を信頼して、そのまま依頼されることをお薦めします。

一方、すでに法律事務所に相談に行って依頼をしているのに、「え？ほとんど、事務員からの連絡でしょ？」と思われた方は、依頼している弁護士の変更を検討すべきかもしれません。

諸説ありますが、依頼内容に関する依頼者への対応は、弁護士が行わないと弁護士法に違反している可能性もあります。

確かに、ほとんどの法律事務所では、打合せの日程調整や必要書類の連絡等の簡単な事務連絡については、事務員が行います。

しかし、**依頼内容に関する意思確認や、裁判に関する事項などは弁護士が直接行うものです。事務員が行うものではありません。**依頼者からの依頼内容の確認についての連絡も弁護士が対応すべきで事項あり、これもまた事務員が行うものではないと考えられています。

弁護士から直接連絡がくるのはいい法律事務所

弁護士からではなく事務員からしか連絡がこない法律事務所に依頼されている方は、今すぐに新たな法律事務所を探して、新たな弁護士を探されることをお薦めいたします。

どんなに簡単な相談内容であったとしても、弁護士が直接ヒアリングし、資料を取り寄せ、様々な可能性を検討し依頼者に納得いただけるまで、弁護士が自ら説明すべきなのです。なぜなら、**日々の連絡の中で新たな問題点が浮かび上がって対応が必要になったり、依頼者に対して別途詳細なヒアリングが必要になる場合があったりと、弁護士しか対応ができないことが多くあるからです。**

テレビ広告やインターネット広告を大量に出している法律事務所は、事件の効率的な処理を最大の目的としているところが多いと言われています。そうした法律事務所に属する弁護士は、依頼者一人一人の人生や問題点等について「依頼されていない」という尤もらしい理由をつけ、考えもしないことが多いように思います。依頼者が置かれている現状について弁護士がアドバイスを行うことはほぼなく、依頼事項のみを粛々と事務員が処理を行っているだけの法律事務所が存在するのは事実です。

弁護士と依頼者が毎回の連絡を直接行うことで信頼関係を構築でき、依頼者の背景にある様々な問題についての解決につながり、依頼された内容について全力で取り組める環境を作り出すことが可能になるものです。

依頼事項を効率的にお金に換えることしか興味のない法律事務所は、事務員が法律事務の全てを行い、事務員からしか連絡をしません。そうした法律事務所であってもまれに弁護士から依頼者へ連絡することはありますが、それは弁護士法違反を恐れたアリバイ作りの可能性が極めて高いと言えるでしょう。

打合せ日時の調整及び必要書類の連絡以外について弁護士から連絡がない場合は、弁護士の変更を検討してみて下さい。

弁護士法違反とは

弁護士法第72条において、法律事務は弁護士のみ行えるとの規定があります。

（非弁護士の法律事務の取扱い等の禁止）
第72条　弁護士又は弁護士法人でない者は、報酬を得る目的で訴訟事件、非訟事件及び審査請求、異議申立て、再審査請求等行政庁に対する不服申立事件その他一般の法律事件に関して鑑定、代理、仲裁若しくは和解その他の法律事務を取り扱い、又はこれらの周旋をすることを業とすることができない。ただし、この法律又は他の法律に別段の定めがある場合は、この限りでない。

法律事務所の事務員は弁護士との間で雇用関係にあるため、弁護士の管理・監督下にあると解され法律事務を行えるという解釈と、事務員が依頼者及び相手方との交渉を行うことは弁護士法に違反するという解釈があります。この問題は現在もなお様々な議論が行われているようですが、私は事務員が相手方との交渉や依頼者への法的見解の説明は、行うべきではないとの考えです。

一般的に、過払い金・借金問題等を多く取り扱う法律事務所では、事務員が法律事務のほとんどを行うと言われています。しかし、交通事故・離婚・相続等になると、事務員の対応範囲が狭まる傾向にあるようです。ほとんどの法律事務所では、事務員が法律事務の全てを行うことはなく、依頼者及び相手方との対応は弁護士自らが行いますので、事務員が主導で行っているような法律事務所には注意して下さい。

委任契約の注意点

とても重要な委任契約書とその内容

弁護士に依頼する際、必ず取り交わすものが「委任契約書」です。委任契約書には、

①弁護士に依頼する内容
②弁護士に支払う費用

の二つの重要な内容が含まれています。

ここでは、弁護士に依頼する内容等について説明してまいります。なお、②の「弁護士に支払う費用」については、第2章ですでに紹介していますので、詳細はそちらでご確認下さい。

ご存知でない方も多いかもしれませんが、実は、弁護士は依頼者からの委任がないと弁護士として活動することはできません。その委任内容と必要な費用を明記したものが、委任契約書です。委任契約書は原則として同じものを2通作成し、弁護士と依頼者の双方が署名捺印して、依頼者と弁護士が1通ずつ保管します。

委任事項の内容は必ず確認！

依頼者が弁護士に何を依頼するのかを明らかにしたものが、委任事項です。弁護士はその職業的な権利から様々なことを調査できます。少し極端な例として申しますと、依頼者からの要望に応じて、裁判上必要があれば裁判所の許可を得たり弁護士会が有する調査権限を利用し、家族構成、携帯電話の所有者、どの銀行に口座があるのか等を、その気になれば調べたりすることも不可能ではありません。

したがって、弁護士に何を依頼したのかを明らかにする必要があるのです。

例えば、「夫と離婚したいけど、どうすればいいいか？」という相談に対しての委任事項は、主に「離婚調停並び離婚訴訟に関する一切の件」のような表記が一般的です。

しかし、少々問題のある弁護士になりますと、委任事項を記載しないまま委任契約を締結することがあります。**ここで皆さんによく知っておいていただきたいのは、「委任事項が白紙というのは、とても恐ろしいこと」だということです。**

少し考えてみて下さい。もしも委任事項が白紙のまま委任契約を締結するようなことがあったら、どんなことが起こるでしょう？ 離婚の相談だったのに、いつの間にか勝手に「相続に関する一切の件」や「交通事故に関する一切の件」のように書き込まれたりして、弁護士費用を多く請求されたりする可能性があります。

そうしたトラブルを防ぐためにも、**委任契約書は２通とも、委任事項が記載されていることを絶対に確認して下さい。**

委任契約書に捨印を求められたら要注意

委任契約書に捨印を求める弁護士がいますが、これも注意する必要があります。

そもそも、皆さんは捨印の意味をご存知でしょうか？

捨印とは、契約書や証書において訂正の場合を考慮し、事前に欄外に押しておく印のことです。これがどれだけ恐ろしい印なのか、ご存知でしょうか？

極論すると、「捨印さえあれば事前に確認を取らずとも委任契約を勝手に変更できる」という印のことなのです。勝手に契約書を変更されてしまうと、何かトラブルがあっても文句を言えない状況になってしまう可能性があります。

委任契約書への捨印は押印しないようにするか、どうしても捨印を押す必要がある場合は、弁護士に対して変更する場合は事前に確認を取るよう依頼をしておき、変更後に報告をもらえるよう依頼して下さい。

「依頼者の代理人」という役割について

弁護士は職業上、依頼者の代理人です。

代理人とは、「本人に代わって意思表示を行うことにより法律行為（契約等）を行う人」のことを指します。本来、弁護士が何かしらの法律行為を行った際は、すぐに依頼者に報告・連絡・相談を行う必要があります。ほとんどの弁護士は、何かしらの動きがあれば、弁護士から依頼者へ連絡を行います。また弁護士は、依頼がない法律事務を勝手に行ってもいけません。

しかしながら、事務員主体の法律事務所の中には、「1か月に一度」といった独自の身勝手なルールを策定し、報告・連絡・相談業務を怠る傾向にあるばかりか、事務員からしか連絡をしないような法律事務所さえあります。問題のある法律事務所ですと、依頼事項が白紙の委任状を依頼者から大量に取得することも行っているようです。そういった法律事務所に依頼されている方は、今すぐに他の弁護士に変更されることをお薦めいたします。

委任契約書における「委任事項の重要性」「捨印禁止」には十分に注意し、弁護士に依頼されることをお薦めいたします。

委任契約書の例

委 任 契 約 書

山田花子（以下、「依頼者」という。）と弁護士法律太郎（以下、「受任者」という。）は、第１条に定める事件（以下、「本件」という。）について次のとおり委任契約を締結する。

第１条　事件

依頼者は受任者に対し下記事件について委任し、受任者は依頼者の代理人となり下記事件の処理に当たる。

【事件の表示】

相手方　田中一郎
事件名　損害賠償請求事件
裁判所　○○地方裁判所

第２条　代理権の付与

1　依頼者は、受任者に対し、受任者が本件を処理するに当たって必要な代理権を与える。
2　本件は、受任者が本件の処理にあたるものとし、他の弁護士は受任義務を負わないものとする。

第３条　受任者の義務

1　受任者は、依頼者に対し、法律事務を行う過程において知りえた秘密を守る義務を負い、前条２項の弁護士にも受任者が負担するのと同程度の守秘義務を負わせなければならない。
2　受任者は、依頼者に対して適時受任者において必要と判断する報告を行うほか、依頼者から請求を受けた時には、直ちに法律事務処理の状況を報告しなければならない。
3　受任者は、弁護士倫理に基づき、常に公正さを保持するとともに、依頼者の利益を損うおそれのある行為をしてはならない。

第４条　報酬

1　依頼者は、受任者に対して、着手金として金　２０　万円（消費税別）を支払う。
2　依頼者は、前項の金員を本契約締結後直ちに受任者に対して支払う。
3　受任者は、第１項の金員を、原則として返還しない。ただし、受任者の責により依頼者が本契約を解除した場合には、依頼者と受任者が協議の上、金員の全部または一部を返還する。
4　依頼者は、受任者に対して、成功報酬として以下の金額を支払う。
勝訴判決（認容額にかかわらず）を得た場合
金　２０　万円（消費税別）
勝訴判決後実際に回収できた場合
回収額の 10％

第５条　費用

1　依頼者は、費用として、裁判所に納める印紙代および予納郵券にかかる費用並びに旅費交通費を受任者に対して支払う。
2　費用の精算は２か月に１度行うものとする。
3　費用については原則として事前に依頼者の承諾を得るものとする。事後の承諾になる場合は別途相談とする。

第６条 解任

1　依頼者は、受任者が第２条の義務を怠り、または弁護士としての公正さを欠くことにより依頼者の利益を損なうおそれがある場合には、本契約を解除することができる。

2　依頼者は、前項に該当しない場合であっても、自己の都合により本契約を解除することができる。ただし、この場合には、依頼者は受任者に対して、本契約解除の時までに行った事件処理に対する相当の報酬を支払わなければならない。

第７条 事件処理の中止と解除

1　依頼者が第１条の金員または事件処理に必要な費用の支払を遅滞したときは、受任者は本件の事件処理に着手せず、またはその処理を中止することができる。

2　受任者は、前項の事情が改善されず、または依頼者において受任者の代理権の行使に不当な制限を加えるなど委任の本旨に反する行為があったとき、その他信頼関係を維持できない事情が生じた場合には本契約を解除することができる。

第８条　相互協議

本契約に規定しない事項については、依頼者および受任者が協議して定める。

第９条　合意管轄

本契約に関わる紛争については、〇〇地方裁判所を第一審の専属的合意管轄裁判所とする。

以上の契約の証として、本書２通を作成し、依頼者および受任者の双方が記名捺印の上、各１通を保有する。

平成２７年９月１日

住所

氏名　　　　　　　　　　　　　　　印

東京都中央区銀座〇—□—△
〇〇総合法律事務所
弁護士　　法　律　太　郎

もしも裁判になったら

民事裁判とは

よく耳にする言葉ですが、裁判とは具体的にどういうことか、皆さんはイメージできますか？

裁判とは、利害関係に争いがある場合に、解決・調整するために第三者である裁判所が双方の言い分を聞いて判断する手続き、とお考えいただけるとわかりやすいと思います。ここで、民事裁判・刑事裁判・行政裁判の3つについて簡単に説明します。

民事裁判とは、交通事故・借金問題・離婚問題・相続問題等をイメージして下さい。

刑事裁判とは、殺人・窃盗・横領・詐欺・覚せい剤等をイメージして下さい。

行政裁判とは、国や地方公共団体に対して異議を唱える事件とイメージして下さい。

皆さんの関心が一番高いのは民事裁判だと思いますので、次に民事裁判についてお話したいと思います。

民事裁判は、大きく簡易裁判所・家庭裁判所・地方裁判所でまずは行われます。どの裁判所で行うかは、弁護士に依頼された内容・請求金額等で決まります。

案件別に分けると、

・離婚問題　……家庭裁判所・地方裁判所
・相続問題　……家庭裁判所・地方裁判所
・借金問題　……地方裁判所（一部簡易裁判所）
・交通事故　……地方裁判所（一部簡易裁判所）

といった感じです。

簡易裁判所は請求金額が140万円以下の場合に利用されます。過払案件で相手方に140万円以下の請求をする場合や、お金の貸し借りの問題で揉めているお金の額が140万円以下の場合等で利用されます。

なお、民事裁判の流れについては第2章で述べているのでそちらをご覧下さい。

裁判手続きにかかわれるのは法律のスペシャリストである弁護士だけです。ただし、一部の裁判（簡易裁判所）については、司法書士も代理人として裁判手続きや折衝（交渉）行為を行うことができます。

裁判にかかる期間　～裁判を起こすまでは3か月程度～

弁護士に依頼してから実際に裁判を起こすまでの期間は、目安として3か月程度と覚えておかれるとよいでしょう。この3か月というのは、依頼事項から相手に勝つための情報や証拠資料を集め、整理し、法的にどうやって戦うのかを書類にするために必要な期間です。しかし、依頼する内容や背景事情によっては、裁判を起こすまでに1年以上を要する場合もあります、相談に行かれた際、弁護士によく確認して下さい。

裁判を起こしたり、起こされたりしてから解決するまでの期間については、目安として6か月から1年と覚えておかれるとよいでしょう。解決するまでの期間についても、内容や背景事情、相手方の反論などにより、2年以上や5年程度の期間を要する場合もあり得ます。

裁判になったら適宜、弁護士と打合せを行い、状況を確認するようにして下さい。

行政書士の業務について

ここ最近、インターネット上で「離婚トラブル解決行政書士」「交通事故専門行政書士」「相続専門行政書士」といった言葉を用いて宣伝し、弁護士法に違反していると思われる行政書士が増えています。

行政書士には相手方と交渉したり、相手方と内容を交渉・調整したりする業務は法的に認められていません。

例えば、行政書士ができる離婚に関する業務は、夫婦間で完全に離婚に関する内容が取り決められ、その内容を書類にすることです。

交通事故であれば自賠責の手続き等一定程度の業務のみです。

相続であれば、相続人の確定業務（相関図の作成）や全く争いのない遺産分割協議書の作成等です。

依頼する専門家を探す際には、十分に注意して下さい。

裁判書類のチェックポイント

裁判書類は主に六つ

依頼している内容が、裁判をせずに相手との折衝（交渉）で解決するものであればここで説明する内容はあまり関係ありませんが、調停や裁判になった際は次の点に注意して下さい。

- **裁判所に提出する書類・資料関係は、裁判所に提出する前に必ず確認を取りましょう。**
- **弁護士から開示された書類で不明点があれば、納得がいくまで説明を受けましょう。**

ほとんどの弁護士は裁判所に書類を提出する前に、事前に依頼者の確認を取ります。弁護士が裁判所に提出した書類は、依頼者本人が提出した書類であると法的には判断されるからです。
裁判所に提出する書類は、大きく次の7つに分類できます。

・**訴状**……………訴える人、訴えられた人、どうして訴えたのか、何を求めているのか、訴えた根拠等が記載された書類
・**訴訟委任状**……誰がどの弁護士に裁判を依頼したのかを明記した書類で、この書類がないと弁護士は代理人として裁判に出廷できない
・**証拠説明書**……提出した証拠で何を主張したいのかを説明する書類
・**証拠書類**………証拠を書類で表したもの。例えば、陳述書、請求書、領収書、録音したテープを書類にしたもの、住民票、戸籍謄本等
・**期日呼出状**……裁判が開かれる日時や場所を示したもの。原則としては、期日呼出状に記載された日時に裁判所に行く必要があるが、弁護士に依頼している場合は、弁護士が対応する
・**準備書面**………お互いの主張を法的に整理した書類。基本的に依頼した弁護士が作成する

後のページで、いくつかの書類（例）を掲載しますので、参考にしてみて下さい。

わからない専門用語は聞いて確かめましょう

裁判書類は基本的に弁護士が作成します。依頼者である皆さんが作成することはないので、ご安心下さい。ですが、作成された裁判書類の内容がご自身の主張と合っているか、ご自身が経験された事実と間違いがないかを必ず確認して下さい。

弁護士は依頼者の主張が通りやすいように作戦を練っていますし、専門用語を多く用いていますので、一般の方にはわかりにくい表現が多々あるかと思います。わからない箇所は遠慮せずに弁護士に確認しましょう。

裁判書類のチェックポイント

訴状	☑自身の主張したい内容と合っているかどうか
	☑請求する金額の背景にある事実が間違っていないかどうか
訴訟委任状	☑依頼している内容に間違いはないかどうか
	☑依頼している弁護士に間違いはないかどうか
証拠説明書	☑証拠として出す意味が間違っていないかどうか
	☑主張したい内容と証拠が合っているかどうか
証拠書類	☑証拠が改ざんされていないかどうか
	☑自身が弁護士に提出した証拠かどうか
準備書面	☑自身の主張と合っているかどうか
	☑自身が経験した事実と合っているかどうか

訴状の例

訴　　状

平成２３年７月１３日

東京地方裁判所　民事部　　御　中

原告訴訟代理人
弁　護　士　　法　律　　太　郎

〒100-0001　東京都千代田区千代田一丁目１番１号
原　　　　　告　　株式会社架空商事
上記代表者代表取締役　　架　空　　太　郎

〒100-0002　東京都千代田区皇居外苑二丁目２番２号
法律太郎法律事務所（送達場所）
ＴＥＬ　０３－１２３４－５６７８
ＦＡＸ　０３－１２３４－５６７９
上記原告訴訟代理人
弁　護　士　　法　律　　太　郎

〒100-0003　東京都千代田区一ツ橋三丁目３番３号
被　　　　　告　　金　賀　　無　子

1

貸金請求事件

訴訟物価額 ２，０００，０００円

貼用印紙額 １５，０００円

請 求 の 趣 旨

1 被告は原告に対し、金２００万円及びこれに対する平成２０年３月３日から支払済みまで年５分の割合による金員を支払え

2 訴訟費用は被告の負担とする

との判決ならびに仮執行の宣言を求める。

請 求 の 原 因

1 原告は被告に対し、平成１７年３月３日、下記約定にて金２００万円を貸渡し、被告金賀無子はこれを受領した（甲１、２）。

契約日 平成１７年３月３日

元 金 金２００万円

損害金 年５パーセント

返済日 平成１８年３月２日

2 被告は、返済日である平成１８年３月２日を過ぎても元利金の返済をしない。

3 よって、原告は被告に対し、本件貸金元本金２００万円及び返済期限の翌日である平成２０年３月３日から支払済みまで年５分の割合による遅延損害金の支払を求める。

証　拠　方　法

別添証拠説明書記載のとおり

附　属　書　類

1	訴状副本	1通
2	甲号証写し	各1通
3	資格証明書	1通
4	訴訟委任状	1通

3

期日呼出状の例

平成２７年（ワ）第１２●４５号

■■■■請求事件

原　　告　　△△　△△

被　　告　　◇◇　◇◇

第１回口頭弁論期日呼出状及び答弁書催告状

平成２６年○月○日

被告　◇◇　◇◇　様

〒×××-××××
■■県●●市▲▲▲１－１－４
■■地方裁判所民事第●部
裁判所書記官　▼▼　▼▼
TEL　○○-○○○○-○○○○
FAX　○○-○○○○-●●●●

原告から訴状が提出されました。

当裁判所に出頭する期日が下記のとおり定められましたので，同期日に出頭してください。

なお，訴状を送達しますので，下記答弁書提出期限までに答弁書を提出してください。

記

期　　　　日　　平成２７年▲月▲日（月）午前１０時１０分
　　　　　　　　口頭弁論期日

出　頭　場　所　　●●●号法廷（■階）

答弁書提出期限　　平成２７年▼月▼日（水）

出頭の際は，この呼出状を法廷で示してください。

（書面２）

答弁書

1 事件番号 平成　　年(ワ)第　　　　　　　　号([redacted]地方裁判所民事　　部　　係)

2 平成　年　月　日

住 所(〒　　－　　)

　　　　　　　　　　　　　　　　　電　話

ふりがな　　　　　　　　　　　　　携　帯

氏 名　　　　　　　　　　　　印 ＦＡＸ

3 送達場所の届出
今後，私に対する書類は，
□ 上記2で記載した住所あてに送ってください。
□ 次の場所あてに送ってください。
この場所は，私の □勤務先　□その他 (私との関係　　　　　　　)です。

住所 (〒　　－　　)

　　　　　　　　　　　　　　　　　電　話

名称　　　　　　　　　　　　　印 ＦＡＸ

4 訴状の「請求の趣旨」に記載されている原告の申立について
(1) 原告の請求を棄却する。
(2) 訴訟費用は原告の負担とする。
との判決を求める。

5 訴状の「請求の原因」に記載されている事実について
□ すべて認める。
□ 間違っている部分がある。
(間違っている部分)

6 上記以外の私の言い分
(□ 話合いによる解決(和解)を希望する。)

※ここに書ききれない場合は，同じ大きさ(A4版・横書き・左側にとじ代3cm)の用紙を使用してお書きください。

準備書面の例

平成２３年（ワ）第１２●３４号　貸金等請求事件

原　　告　　株式会社架空商事

被　　告　　金賀 無子

第１準備書面

平成２３年○月○日

■■地方裁判所　民事第▲▲部は係Ａ　　御　中

被告訴訟代理人

弁　護　士　　弁　護　史　太　郎

頭書事件につき、下記のとおり弁論を準備する。

記

第１　訴状記載の請求の原因について

１　請求の原因１は概ね認める

２　請求の原因２及び３は否認ないし争う。

第２　被告の主張

原告主張の請求原因１および甲１号証に記載されている通り、期限の利益喪失日は平成１８年３月３日である。

上記の事実によれば、本件訴訟が提起された平成２３年７月１３日の時点で、既に５年の期間が経過した原告の主張する債権は、時効消滅していることになる。

よって、被告は、本訴において消滅時効を援用する。

以　上

判決が出たら、必ず内容を確認しましょう

裁判を解決する手段には、大きく分けて「和解」と「判決」があります。ここでは判決について、簡単に説明いたします。

判決は、裁判所が訴えた側（原告）と訴えられた側（被告）の双方の言い分を聞き、裁判官が最終的に結論を下します。判決言い渡し日に、裁判官が口頭で読み上げます。判決を書面にしたものが「判決正本」であるとお考え下さい。

判決を聞いても判決正本を見ても、一般の方にはわかりにくい表現がたくさんありますので、判決が出た場合は必ず弁護士に説明を求めて下さい。特に、判決理由は読んでも意味がわからない、法曹界独特の言い回しがたくさんあります。

判決正本の例

平成２７年●月●日判決言渡　同日原本交付　裁判所書記官

平成２６年（ワ）第１２●４５号　商品代金請求事件

口頭弁論終結日・平成２６年▲▲月▲日

判　　　決

東京都千代田区千代田■丁目■番■号

原　　　　　告　　株　式　会　社　○　○

上記代表者代表取締役　　◇　◇　　◇　◇

同訴訟代理人弁護士　　△　△　　△　△

東京都千代田区皇居外苑△丁目△番△号

被　　　　　告　　■　■　株　式　会　社

上記代表者代表取締役　　●　●　　●　●

同訴訟代理人弁護士　　▲　▲　　▲　▲

主　　　文

１　原告の請求を棄却する。

２　訴訟費用は原告の負担とする。

事実及び理由

第１　請求の趣旨

被告は，原告に対し，■■■万■■■■円及びこれに対する平成△△年△月△△日から支払済みまで年○分の割合による金員を支払え。

第２　事案の概要等

１　事案の概要

・・・・・・・・

２　前提となる事実

(1)・・・・・・・・・・

1

(2)・・・・・・・・

(3)・・・・・・・・

(4)・・・・・・・・

3　争点及びこれに対する当事者の主張の要旨

(1)　・・・・・・・

（被告の主張）

・・・・・・・・・・・・・・・・・・・・・

（原告の主張）

・・・・・・・・・・・・・・・・・・・・・

(2)　・・・・・・・

（原告の主張）

・・・・・・・・・・・・・・・・・・・・・

（被告の主張）

・・・・・・・・・・・・・・・・・・・・・

第３　当裁判所の判断

1　・・・・・・・・について

・・・・・・・・・・・・・・・・・・・・・

2　・・・・・・・・について

・・・・・・・・・・・・・・・・・・・・・

3　・・・・・・・・について

・・・・・・・・・・・・・・・・・・・・・

第４　結論

以上によれば，原告の請求は理由がないからこれを棄却することとし，訴訟費用について，民事訴訟法６１条を適用して，主文のとおり判決する。

2

■■地方裁判所民事第●●部

裁判官　　◎◎　◎◎

3

これは正本である。

平成２７年△月△日

■■地方裁判所民事第●●部

裁判所書記官　書記　良子　印

4

判決に納得できなかったら

判決がご自身の納得のいく結果であれば問題ありませんが、納得がいかない結果である場合は、上級裁判所（簡易裁判所の場合は地方裁判所、地方裁判所の場合は高等裁判所）に裁判を起こすことも可能です。

この場合に注意しなければいけないのは、引き続き同じ弁護士に依頼するにしても、新たに弁護士費用が必要になるケースがあるということです。依頼した弁護士にしっかりと相談した上で、引き続き依頼されるのか、新たに弁護士を探すのかを決める必要があります。

状況報告の重要性について

〈何について、誰から連絡があるのか〉

依頼した内容（裁判含む）が具体的にどうなっているのか、依頼者が現在の状況を知りたいと思うのは当然のことです。

ほとんどの弁護士は依頼を受けてから業務完了までに、次にあげる報告や相談を依頼者に対して必ず行います。しかし、非常に残念なことに、依頼者への報告を行わない、もしくは怠る弁護士がいるのも事実です。

そこで、弁護士が依頼者へ連絡・報告・相談を行う基本的な流れとその内容を、次の図で紹介したいと思います。

この報告・連絡・相談を電子メールもしくは書面にて行うもの、実際に会って説明するもの、電話で行うものに分けて、弁護士から依頼者に連絡します。

状況報告の有無のチェックリスト

①依頼を受けた直後	☑今後の流れの確認や、必要書類、弁護士費用（着手金など）の支払い方法の確認連絡
②裁判を起こす前まで	☑必要書類の集まり具合、相手方との交渉状況
③裁判を起こす直前	☑訴状（裁判所に提出する書類一式）を送付し、内容に間違いがないかの確認連絡
④裁判中	☑期日連絡：次回、いつ裁判が行われるかの連絡
	☑主張連絡：相手方からの主張についての確認連絡
	☑証拠連絡：他に証拠となる資料がないかどうか確認連絡
⑤裁判終了	☑裁判でどういった結論が出たのかの報告
	☑弁護士費用（報酬金）の支払い方法の確認

ここで重要なのは、次の2点です。

（1）①〜⑤の全てについて連絡がくるかどうか
（2）その連絡が弁護士から連絡がくるのか、事務員から連絡がくるのか

弁護士からの連絡がない場合

まずないとは思いますが、①〜⑤の全てについて連絡がこない場合は、法律事務所に依頼者の皆さんから連絡して、弁護士から直接説明を聞いて下さい。弁護士に直接説明を求めても、事務員が「弁護士からの指示で回答しています」と主張する場合がありますが、その場合でも「弁護士から直接説明を伺えない場合は、弁護士会に苦情申立てを行わせていただきます。」と主張すると、弁護士から直接説明を聞くことができると思います。

弁護士は、弁護士会への苦情申立てや弁護士会への懲戒請求を本当に嫌います。な

ぜなら、弁護士は弁護士会に登録しなければ弁護士としての活動ができないので、弁護士会内での評判を落とすようなことや弁護士会から注意を受けるような事態を、極力避けたいのが本音なのです。

そもそも、依頼者とのやりとりは弁護士が直接行うべき事項であり、事務員が行うべき事項ではありません。裁判の日程や必要書類の督促等については事務員でも行えるものだと思いますが、裁判に関する手続きや訴状（裁判所に提出する書類一式）、相手方からの主張に関する確認事項等は、弁護士から連絡すべき事項なのです。

依頼した弁護士との間でも証拠を残しましょう

本来は依頼した弁護士を信頼し、全てを任せることが最善だと思います。しかし、「光があれば闇もある」で、いい弁護士もいれば悪い弁護士がいるのも事実です。状況報告について言えば、基本的な考え方として、電話で全てを済ませようとする弁護士には注意して下さい。

多くの弁護士は、依頼者との間で「言った」「言わない」等の無用な争いを避けるために、重要な連絡事項は、①電話と書類（電子メール）で連絡、②書類（電子メール）で連絡、といった形で書類もしくは電子メールを使用します。

しかし、事務員が実権を握っている法律事務所や、事務員に法律事務所を乗っ取られているような弁護士は、証拠を残すことを避けるためと受けている依頼をいかに効率的に処理することしか考えていないので、書類や電子メールでの報告・連絡・相談を嫌います。

なぜ証拠を残さないのか

よくある例で具体的にお話ししましょう。一般的に、弁護士は依頼者に解決時期の目安を伝えます。解決時期についての質問は依頼者からよく受けるもので、依頼者であれば誰もが知りたい内容だからです。面談の際、多くの弁護士は依頼者に解決時期の目安を伝えますし、依頼を受けた後でも書面や電子メールにて、おおよその解決時期を依頼者に伝えます。

しかし、悪いとは言わないまでも、あまり好ましくない弁護士というのは、解決時期を書類や電子メールで依頼者に伝えない場合が多いのです。

誰もが知りたがる情報をなぜ伝えないのでしょう？　理由は明確で、受けた依頼内容の解決時期の証拠を残してしまうと、それまでに解決する必要が出てくるからです。自分達のペースで仕事をすることができなくなるばかりか、依頼者の管理ができていないことを認めざるを得ない状況になる可能性があるからです。

もちろん、相手があってのことですから、解決時期について絶対の約束をすることはできません。しかし、弁護士が依頼を受けた以上は、目安とした時期には解決できるよう、全力を尽くす必要があります。仮に目安として示した解決時期に結論が出ない場合でも、事前に弁護士から依頼者への報告と相談があるべきなのです。

証拠の残し方、証拠として残すべき内容

証拠の残し方としては、一番スタンダードなのは電子メールで連絡をもらうか、書類を郵送してもらうことでしょう。

報告・連絡・相談をしっかりと行っている弁護士は、電話や面談で話した内容の重要事項をメールや書類によって、改めて連絡をくれる弁護士だと思います。

弁護士といえども人間ですので、忘れたり、勘違いしたりすることもあります。したがって、口頭の説明だけで済ませるのではなく、メールや書類で証拠を残しておき

ましょう。

証拠として残しておく内容については、次の表をご覧になって下さい。表にあげた内容等を証拠に残せるとベターでしょう。

解決見込みや解決までの期間は弁護士も予測しかできないと思いますし、裁判の流れや証拠資料の集まり具合等で変化していきます。その都度報告をもらうようにし、証拠として残しておきましょう。

証拠として残しておくべき内容

☑弁護士費用

☑解決見込み（勝てる見込みなど）

☑解決までの期間（見込み期間）

☑方針（どうやって裁判を闘うのか）

☑やっていいこと（やってはいけないこと）

いい弁護士の選び方
上手な付き合い方

第5章

いい弁護士の見分け方

依頼者や知り合いからの紹介があるかどうか

いい弁護士は紹介で成り立っている

知り合いや元依頼者からの紹介が多い弁護士は、いい弁護士の条件の一つです。

いい弁護士はテレビ広告やインターネット広告を多用しなくても、紹介だけで案件を十分に獲得でき、健全な経営体制を構築できています。

事実、私が勤務していた法律事務所には、ホームページすらありませんでしたが、元依頼者や知り合いの弁護士等、関係各所から案件を紹介されたり、弁護士会の関係者から「○○先生に任せておけば安心」と紹介されたりして、多い月では50件を超える案件を紹介から獲得していました。

皆さんもお金を払って受けたサービスに対して満足だと感じた場合は、知り合いに紹介したり、SNSに投稿したりすることが日常的にあるかと思います。

飲食店であれば、「支払った料金以上の満足感を得られた場合」や「料金以上のサービスを受けられた場合」、「本当に美味しい料理やお酒に出会えた場合」には、知り合いに自慢するぐらいの感覚で紹介したり、教えたりすることがあるでしょう。

弁護士が行っている業務は「唯一無二の法律の専門家が行う法的なサービス」です。

相談内容をただ機械的に処理するだけではなく、相談内容の背景に隠れている問題の本質を見抜き、相談者にとって最善の道筋を導き出すのが、弁護士の職務であると考えられます。また、相談内容に対応する際に、

- **法律用語を極力使用しない**
- **フットワークの軽さ**
- **電話対応及びメール対応の迅速さ**
- **経過報告の迅速さ**
- **精算業務の臨機応変さ**

等が徹底されている弁護士は、紹介案件を得る可能性が極めて高いと思われます。

それとは逆に、紹介をあまり受けられない弁護士は、いい弁護士とは言えないでしょう。紹介を受けられない弁護士は、テレビ広告やインターネット広告を多用することで、依頼者を獲得している傾向にあります。

紹介をあまり受けられない弁護士の特徴としましては、

・説明が専門用語ばかりでわかりづらい
・親身になって対応していると感じられない
・大勢の中の1人としてしか見てくれていないように感じる
・電話対応が事務員からしか来ない
・処理が遅い

等の不満を相談者や依頼者に与えている可能性が極めて高いです。

紹介を多く受けている弁護士か否かを外の世界から判断するのは極めて困難ですが、知り合い経由で知り合った弁護士は、他の方からも紹介を受けている可能性が高いので、いい弁護士と言える可能性が高いと思われます。

インターネットで弁護士名を検索し、いわゆる掲示板サイトや口コミサイトで悪評が出ていなくても、正直なところ参考にはなりません。広告を多く出している法律事務所は、事務所内にインターネットでの悪評を削除するための専門部署を持っており、適宜、悪評を削除しているからです。

紹介が多いかどうかの判断材料は？

ここで、いい弁護士の条件の一つである「紹介が多い弁護士」か否かを判断するための材料を紹介していきましょう。あくまで私見になりますが、いくつかの「例」をお伝えしたいと思います。

広告にあまり力を入れていない

事務所規模によって左右されますが、**紹介を多く受けられる弁護士はテレビ広告やインターネット広告をあまり出しません。**理由は、

・紹介案件が多いので広告を出す必要がない
・1件1件に親身に対応するので、大量に相談・依頼を受けられない
・広告には「〇〇専門」「△△専門特化」「相談実績□□件」といった弁護士品位を損なうおそれのある言葉を使用するため、イメージが悪い

等があげられます。

大量のホームページを作成していない

紹介を多く受けられている弁護士に話を伺ったところ、「ホームページは名刺交換を行った際や、ご紹介を受ける際に見ていただくもの」という認識が強いそうです。したがって、事務所のホームページが一つあれば十分だそうです。

紹介をあまり受けられない弁護士のイメージとしては、事務所のホームページとは別に「〇〇専用サイト」といった類のホームページや、ランディングページと呼ばれるインターネット専用サイトを複数持っているように感じます。これは、悪質なコンサルタントやホームページ制作業者が弁護士からお金を得るためにアドバイスしている可能性もありますが、基本的には広告展開するためのページなので、相談者にわか

りやすいように制作されています。

もちろん、ホームページに力を入れることは、決して悪いことではありません。顧客獲得のためのツールの一つとしてホームページは必要不可欠ですが、無駄に力を入れていたり、たくさんのホームページを保有していたりする弁護士は、広告で顧客獲得を狙っていると容易に推測できます。つまり、紹介をあまり得られていない弁護士として想像しやすいと思います。

ブログを書いていない

多くの弁護士は、Facebook・Twitter・Instagram・ブログ等、各種SNSを使用しています。

紹介が多い弁護士は、Facebook・Twitter・Instagramを上手に利用し、人脈を拡大させていきますが、紹介を得られない弁護士はブログを多用している傾向にあります。

紹介が多い弁護士は、依頼者の相談や受けた依頼案件の調査に多くの時間を費やします。このため、人脈を増やすためにブログを書く時間はほとんどないと言えるでしょう。

ブログを書くのは、ホームページのSEO対策、もしくはTwitterへの投稿のためであり、広報活動の一つと考えられます。したがって、「ブログを頻繁に更新する＝時間が余っている＝紹介が少ない弁護士」と考えることが自然でしょう。

事実、紹介が多い弁護士数名に「ブログを書いていますか？」と尋ねたところ、「そんな時間があるのは暇な弁護士だけだ」「SEO対策をしないと相談がないのであれば、弁護士を辞めるべきだ」と怒られてしまいました。

ここで紹介した三つの項目はあくまで私見によるものですので、全ての弁護士に当てはまるわけではありません。皆さんの参考になればと思いあえて掲載しておりますが、最終的にはご自身での判断をお願いいたします。

懲戒請求（懲戒処分）の有無

懲戒請求（懲戒処分）とは

懲戒請求とは、弁護士法第56条に定められた手続きであり、弁護士や弁護士法人に対して懲戒を求める制度です。

この手続きは誰でも行うことができます。主な懲戒請求の理由としては、

・自分の意向にあった処理を行ってくれない
・弁護士費用が高過ぎる
・弁護士の処理が遅い
・弁護士から恐喝まがいの言動を受けた
・弁護士がお金を返してくれない

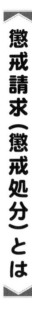

等があり、依頼した弁護士との間の協議が決裂した場合に、懲戒請求が行われています。懲戒請求の手続きを簡単に説明しておきましょう。懲戒請求したい弁護士の所属している弁護士会に「懲戒請求の申立て」を行います。懲戒請求が申立てられた弁護士会は、その弁護士の調査・審査を行い、判断を下すことになります。

弁護士が処分される場合は、「戒告」「業務停止」「退会命令」「除名」の四つからいずれかの処分を受けることになります。

・戒　告……弁護士に反省を求め、戒める処分
端的に申し上げると「厳重注意」でしょう
・業務停止……一定期間、弁護士としての業務を停止させる処分
最大2年とされていますが、3か月から1年が主流のようです
・退会命令……弁護士の身分を失わせ、弁護士として活動できなくなる処分
ただし、弁護士の資格は失いません
・処　分……弁護士の身分を失わせ、弁護士として活動できなくなる処分
最低3年間は弁護士資格をはく奪されます

より詳細な内容については、日本弁護士連合会のホームページをご覧下さい。

日本弁護士連合会　懲戒制度

http://www.nichibenren.or.jp/jfba_info/autonomy/chokai.html

実際にどういった場合に処分を受けているか、わかりやすい例をあげますと、

・依頼された手続きを怠った場合　↓　戒告　または　業務停止
・依頼者のお金を横領した場合　↓　業務停止　または　退会命令

といったところでしょう。弁護士会が行う処分は、様々な事情を調査した上で決定されますので、この例はあくまでイメージとしてお考え下さい。

懲戒請求を受ける弁護士は、「依頼者と揉めた場合」「弁護士法に抵触した場合」「弁護士の品位を損なう言動を行った場合」とお考えいただければわかりやすいかと思います。**懲戒処分を受けた弁護士は、「いい弁護士」とは考えにくいと言えるでしょう。**

懲戒処分履歴の調べ方

ここで皆さんにお伝えしたいのは、相談や依頼をされる際には、弁護士の懲戒処分履歴をお調べになって下さい、ということです。

「懲戒処分＝悪い弁護士」と断言することはもちろんできませんが、懲戒処分を受けた内容や理由によっては、いい弁護士ではないと判断できる一つの基準になると思うからです。

今までに懲戒処分を受けた全ての弁護士が掲載されているわけではなりませんが、2000年以降に懲戒処分を受けたほぼ全ての弁護士の情報をインターネットで検索することが可能です。すでに弁護士に依頼されている方もぜひ参考にしてみて下さい。

弁護士懲戒処分検索センター

http://www.shyster.sakura.ne.jp

何度も懲戒処分を受けている弁護士が存在するのも事実です。何度も懲戒処分を受けている弁護士には相談されないほうが宜しいかと、個人的には思います。

ここで注意しなければならないのは、相手方と揉めた場合にも懲戒請求を受けることがあるということです。弁護士は依頼者の利益を守ることが職務の一つです。そのため、依頼者の利益を守るために一生懸命に仕事をした結果として懲戒になってしまった場合は、相手方からすると、悪徳弁護士として判断されると思います。しかし、味方として考えれば頼りになる心強い弁護士と考えることも可能ですから、懲戒請求された内容や処分結果及び理由をご自身でよく確認し、判断してみて下さい。

広告合戦に参加しているかどうか

《「過払い金」バブルのウラで起こっていたこと》

　ここまで述べてきたように、弁護士の生き残り競争が激化する中で、弁護士の広告合戦が始まりました。皆さんが今までに一番目にされた広告は、「過払い金」広告ではないでしょうか？ 電車内の広告であったり、テレビやラジオのＣＭであったり、新聞の折り込みチラシ等で目にされたり耳にされたりしたことと思います。

　ここで、「過払い金」について簡単に説明しておきましょう。消費者金融等の金融業者から金銭を借り入れしていた方に対して、「今まで利息を払い過ぎていたので、払い過ぎていた利息を取り戻しましょう」という案件で、多くの弁護士・司法書士達が、電車・雑誌・スポーツ新聞・テレビ・ラジオ等に広告を展開し、日本全国で無料出張相談会を開催したりしていました。

多額の広告費・出張旅費を捻出しても、地方で出張無料相談会を開催して過払い金相談を受けることができれば、弁護士としては大幅な利益（黒字）が見込めるので、多くの弁護士がこぞって過払い案件獲得を目指し、躍起になっていました。中には月間1億円を超える広告費をかけている法律事務所も存在していたくらいです。

ここで一つの問題が発生します。

大量の広告を出稿し、大量に案件を獲得した法律事務所は、当然のことながら人手を確保するために多くの事務員を採用していました。しかし、消費者金融の最大手と言われていた㈱武富士の経営破綻等をきっかけとして、過払い金バブルは終焉します。すると、**過払い金バブルで急激に大きくなった法律事務所とそこに所属する弁護士達は、大量に雇用した事務員の給与や生活を守るために、新たに「離婚」「交通事故」「相続」といったバブルを模索し始めたのです。**

現在では、「離婚」「交通事故」「相続」の三つが、弁護士が獲得を目指している案件の中でもトップ3に入る事案だと言われています。

過剰な量の広告を出している場合は要注意

「過払い金」バブルを背景としたこのような事情があるため、広告の露出があまりに多い法律事務所には注意して下さい。この場合の広告の露出とは、主にテレビCMやインターネット広告の量を指します。

過剰な量の広告を出している法律事務所・弁護士は、主に五つの種類の広告を出しています。

・過払い金
・B型肝炎
・交通事故
・離婚
・相続

この五つの種類の広告は、弁護士からすると事務員を使って定型化しやすい案件と言われています。広告を大量に出して案件を大量に獲得することができれば、今までと同様に事務員を雇用しつつ事務所を運営できる可能性を見いだせるため、この五つの種類の広告を過剰に出していると考えられるのです。

もちろん、他の種類の広告が出ていないわけではありませんが、この五つの種類の広告を出している法律事務所は、弁護士主導ではなく事務的かつ知識も経験もない事務員やアルバイト主導で、依頼された案件の処理を行う法律事務所である可能性があります。

過剰と思える宣伝文句には要注意

法律事務所のテレビCMやインターネット広告において、

・△△専門
・相談実績○○件

・全国□□名のスタッフがいます
・全国に●●箇所に拠点があります

という言葉をよく目にしませんか？

第3章の内容とも関係しますが、弁護士には日本弁護士連合会（日弁連）が定めた「広告規定」という広告に関する決まり事があり、掲載しなければならない内容と掲載してはいけない内容が存在します。広告を出している法律事務所は、他の法律事務所との差別化のために、このような言葉を多用する傾向にあると思います。

詳細な説明をしてくれるかどうか

依頼者の希望に沿える案件なのかを説明するかどうか

相談者や依頼者の中には、無理な要望をおっしゃる方がいるのも事実です。

借金問題を抱えている方に多く見受けられるのが、「破産だけはしたくない」というものです。手取りの月収が30万円、借金の返済が月25万円あっても破産はしたくないと言う方もいらっしゃいます。

具体的な例で説明しましょう。夫（依頼者）・妻・子供2人（小学生と幼稚園児）の家族4人が都内で暮らしているとします。この家族の収入は、夫が手取りで月25万円、妻がパートで月5万円、合計30万円です。

借金の内訳は、3年前に購入した新築一戸建ての住宅ローンが月15万円、自動車ローンが月2万円あり、これに加えてカードの返済と金融業者からの借り入れ（合計

600万円）の返済が月8万円あるとします。収入の合計金額30万円に対して、借金の返済は毎月25万円（15万円＋2万円＋8万円）という状況です。

弁護士の考え方や方針によっても違いはあると思いますが、多くの弁護士は「ご希望はお聞きしますが、調査の結果次第では破産もやむを得ない状況です。まずは、詳細を把握するために少しお時間を下さい。」と回答し、調査を行うでしょう。

しかし、いい弁護士とはもう一歩踏み込んだ説明やアドバイスを行うものです。例えば、

「生活費（食費5万円・光熱費2万円・携帯電話代1万円・学費3万円・ガソリン代1万円・保険代2万円・予備費1万円）として月に15万円が必要であれば、月30万円の収入から借金を返済できる金額は、月15万円が限界です。」

「住宅ローンで月15万円を返済されているのであれば、自動車ローンとその他の借金の合計10万円を返済し続けることは、事実上不可能です。どうしても返済を続けるとすると、最低でも収入を月10万円は増やす必要があります。」

「しかし、今のご時世、月10万円の収入を増やすことは困難を極めると思いますし、無理して働いたとして、そこに何が残りますか？　不動産と自動車を諦めることにはなりますが、自己破産を選択されてみてはいかがでしょうか？」

「家賃10万円程度の賃貸のマンションに引っ越されたほうが、月々5万円程度の貯金もできますし、お子様の今後のためだと思います。月々5万円を貯金できたと仮定すると、1年後には60万円の貯金、5年後には300万円の貯金ができていることにもなります。5年後には現金で自動車を購入することも可能になります。」

「手続きとして調査期間に3か月程度を要しますので、3か月後を目途にもう一度打ち合わせを行いましょう。そして、破産申立てを前提に、一度、奥様ときちんと話し合って下さい。ご主人の許可が得られるのでしたら、私（弁護士）が奥様にご説明しても構いません。3か月後の打合せ時に方針を決めたいと思いますが、いかがでしょうか？」

といった、今後の人生設計を含めたアドバイスを依頼者にすると思います。

しかし、いいとは言えない弁護士になりますと、「貴方が借金を払いたいなら払う方向で、金融業者と話をします。」とだけ伝えたり、何の説明もなしに「自己破産ですね。破産を受け入れられないのであれば、他の弁護士に相談して下さい。」とだけ回答したりするでしょう。

一般の方が弁護士に依頼する機会は、きっと一生に一度あるかないかです。

その一生に一度あるかないかの機会にあたってしまったら、どうか法律事務所の規模や広告に惑わされることなく、親切・丁寧に対応して下さる弁護士を探してみて下さい。

いい弁護士の条件としては、

①依頼された相談の見込み
↓依頼者の要望通りになりそうなのか、見込みはどの程度なのか
②手続きの順序や期間
↓どのような手順で進むのか、どの程度の期間を要するのか
③今後の人生設計まで描いてくれるかどうか
↓その場しのぎの解決策ではなく、今後の人生をどう描いて説明してくれるのか

等を丁寧かつ依頼者が本当に理解するまで説明してくれることがあげられます。

わからなければ何でも気軽に質問をし、弁護士が直接回答してくれる法律事務所に依頼するようにして下さい。

専門用語を極力使わずに説明をしてくれるかどうか

法律の専門家である弁護士は、知らず知らずのうちに専門用語を多用する癖があると思います。例えば、

債権者・訴訟・原告・被告・被告人・仮差・悪意の受益者・郵券・予納金・過払い・後見・執行 etc.

ほとんどの方が知らない言葉ですよね。しかし、弁護士の説明を聞いている時に疑問に思っても、「聞いたら怒られるかも」と萎縮してしまい、なかなか質問できないのが現実だと思います。

実はここも、本書の本題でもあるいい弁護士とそうでない弁護士の見極めができる部分です。

いい弁護士は、親切丁寧に専門用語を使わずに説明をしてくれます。依頼者が理解していなさそうであれば、別の言葉で言い換えたり具体例をあげたりして説明するよ

うに心がけていますし、相談者からの質問にも嫌な顔をせずに対応してくれます。

そうでない弁護士は、「前に説明しましたよね」「以前、書類でお送りしたのですが読まれてないのですか」と、頭ごなしに説教する節があります。依頼者は理解していないからこそ質問するにもかかわらず、理解しないのは依頼者が悪いと言わんばかりの態度に出るのです。

皆さんが弁護士に依頼する問題というのは、様々な法律的な問題が混在していることが多いものです。ただでさえわからないことだらけの中で専門用語を多用されては、さらにわからないことだらけになる可能性が極めて高くなります。

第3章でも述べましたが、事務員からしか説明がない場合は、「弁護士から直接聞きたい」と言えば、必ず弁護士が説明してくれます。**弁護士から直接聞きたいと主張しても、なお事務員が説明する法律事務所に依頼されている場合は、別の弁護士に相談されることをお薦めします。**

いい弁護士は依頼者の顔・声・目を総合的に判断し、説明した内容がわかっていないような場合、何度でも説明してくれます。

少しでもわからないことがあったり疑問があったりした場合は、遠慮せずに何度でも弁護士に説明を求めて下さい。

費用についてきちんと説明してくれるかどうか

弁護士が敬遠される理由の一つに、「弁護士費用の不明瞭さ」があると私は思います。弁護士へ支払うお金は複雑かつ高額です。しかしながら、詳細が記載されていないのも事実です。

第2章でも述べましたが、弁護士に依頼する際に必要な費用の主なものは、①相談料、②着手金、③報酬金、④実費（旅費交通費・日当・印紙代等）です。①〜③については ほとんどの弁護士が説明しますが、④についてはその都度の請求は来るものの、詳細な説明がないことがほとんどです。

特に、多くの案件をこなすためにマニュアル化して処理するような法律事務所では、実費の説明について、「他のお客様との関係で〜」や「皆様にご納得いただいております。」といった説明を事務員が行うこともあるようです。

しかし、騙されてはいけません。

他の依頼者が納得しているからと言って、それを理由に皆さんも納得する必要はありません。他の依頼者の案件は、皆さんの案件には関係ないことだからです。**支払う**

費用について疑問に思うことがあれば、弁護士からきちんと説明を受けるべきです。

弁護士に依頼する案件は複雑な事情が絡み合っており、ほとんどの場合、単純ではありません。しかし、一部の弁護士は、同じような案件を大量に受けて大量に処理をしているという意識からか、説明を省いていたり事務員に全て任せていたりと、傲慢な部分を見せる場合があります。

いい弁護士は、きちんと弁護士自身が説明を行います。そうでない弁護士は、事務員が説明をしていたり、説明すらしなかったりということもありますので、十分に注意して下さい。

第6章

弁護士との上手な付き合い方

裁判やトラブルになってから探すのは危険！

まともでない精神状態で選んではいけない

今でも多くの日本人は、裁判を起こされたりトラブルに巻き込まれたりしてから初めて、弁護士探しを始めるように思います。しかし、本当にそれでいいのでしょうか？

少し想像してみて下さい。大切な人が急に交通事故で亡くなったり、親御さんが亡くなったことがきっかけで兄弟間で揉めたり、いきなり離婚届出を突きつけられたり、裁判所から呼出状が届いたりした場合を。

このような状況下でもまともな精神状態でいられるという自信をお持ちの方は、この章を読み飛ばしていただいてかまいません。しかし、ほとんどの方はまともな精神状態ではいられないでしょう。きっと、とても混乱した精神状態で弁護士を探されることになると思います。

混乱のまっただ中で弁護士探しをすると、テレビのコマーシャルやインターネット広告で流れている甘い言葉に飛びついてしまうかもしれません。しかし、人生を左右するかもしれない本当に大切なことを、そんな簡単に決めてしまっても大丈夫なのでしょうか。

例えば、自動車を購入する場合を考えてみましょう。

雑誌の紹介記事やテレビＣＭで見て「欲しい」と思った自動車を、即決で購入される方はまれだそうです。自動車の販売員の方曰く、一般的には欲しいと思った自動車の販売店に足を運び、実物や金額を見て、他のメーカーの同等の車種と比較検討した上で購入されるとのことです。

しかし、弁護士を選ぶ際は、多くの方がなぜか即決で契約してしまいます。

何も比較検討をせず、いいか悪いかもわからないのに、高額な弁護士費用を即決で支払う感覚は、私には理解しがたい事実です。契約した法律事務所や担当する弁護士がどういう人かもわからない状況の中、「広告を出しているから安全だろう」「弁護士だから安全だろう」と考えてしまうのは、非常に危険です。

付き合いやすい弁護士に依頼しましょう

私は多くの方から、「弁護士ってどこにいるの?」といったご質問や、「弁護士って怖そう」「弁護士って敷居が高そう」というご意見をいただきます。

「弁護士ってどこにいるの?」ということについて言えば、日本には約35，000人もの弁護士が実在しています。日本の人口を1億2，000万人として計算しますと、約3，430人に1人が弁護士です。中には、住民が3，000人ほどの住宅街で弁護士が3人も居住している街があるそうです。実は、皆さんが知らないだけで、弁護士はいろんなところにいるのです。

「弁護士って怖そう」「弁護士って敷居が高そう」と思われる方は、昔の弁護士ドラマのイメージがあまりに強く、そこで時代が止まってしまっているのかもしれません。少し年配(50~60歳くらい)で、ダブルのスーツを着ていて、高級そうな机の椅子に座り、少しふんぞりかえっているようなイメージではありませんか?

確かに年配の弁護士の中にはそうした方がいるのも事実ですが、現在では「弁護士業もサービス業である」との認識が徐々に定着してきていますので、運悪くそうした弁護士に当たってしまった場合は、生きた化石として見てあげれば大丈夫かと思います。

私が出会ってきた20代~40代の弁護士の多くは、弁護士業＝サービス業であることを強く認識している方がほとんどで、「怖い」「敷居が高い」といったマイナスのイメージを払拭してくれる方ばかりです。

弁護士も人間ですので、様々な趣味を楽しんでいます。地下アイドルや芸能人の追っかけをしている弁護士、ダイエットに励んでいる弁護士、飲み会で宴会部長のようにはしゃぐ弁護士、フットサルや釣り等のスポーツを楽しんでいる弁護士もいます。

皆さんもぜひ様々な飲み会や趣味の場に足を運び、弁護士を探してみて下さい。趣味の場で出会う弁護士とは意気投合しやすいので、お薦めですよ。

顧問弁護士を持ちましょう

「外部にある法務部」という機能

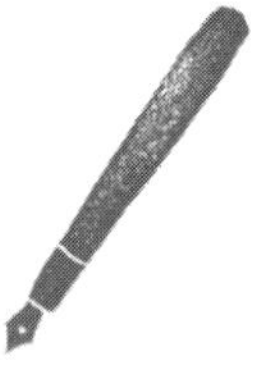

大企業や海外との取引を行うような事業を行われている方は、顧問弁護士を雇うことが一般的だと思います。しかし、日本の中小企業で顧問弁護士を雇っている割合は、10%を切るかどうかというデータを目にしたことがあります。それほど、日本において顧問弁護士を雇うケースは少ないということです。

顧問弁護士は、いわば企業の法務部です。少し偏った言い方かもしれませんが、法律に少し詳しい社員を月30万円で雇用するくらいなら、私は顧問弁護士を月10万円で雇ったほうが企業のためだと思います。法律に詳しいとは言っても、その社員は所詮無資格です。一方、弁護士は法律の専門家です。本当の意味で企業のためを考えたら、外部の法務部という扱いで弁護士と顧問契約をしたほうがいいと思います。

顧問弁護士を雇うことで、社内の法律関係の事案はほぼ解決できます。また、ホームページや企業案内で顧問弁護士がいることを明記すると、取引先からの信用が上がる可能性もありますし、取引先がおかしなことを行う危険性も低くなると思われます。

この本をお読みの方の中には、取引先と交わす契約書や従業員との間で交わす雇用契約書等について、インターネットから無料でダウンロードしたものをそのままお使いになっている方がいらっしゃることでしょう。無料でダウンロードした契約書が全てにおいてダメと申し上げるつもりはありませんが、その内容は一般的かつ簡易なものが多いので、それをそのまま利用するのには当然ながらリスクもあります。

そういった契約書関係のチェックも顧問弁護士ならできますし、チェックだけでなく契約書の作成も可能です。

また、顧問弁護士であれば、企業間トラブルが発生した場合に顧問先の企業がどのような企業とどのような取引を行っているかを理解していますので、即座に対応することも可能です。

法人・個人事業主にとってのメリット

ここで企業における顧問弁護士を置くことのメリットとデメリットを考えてみましょう。

顧問弁護士を置くことのメリット

- 法律の専門家を企業における法務部として利用できる
- 企業がどういう取引先と、どういうビジネスを行っているのかを顧問弁護士が理解しているため、トラブル発生時に適切かつ迅速な対応が可能になる
- 各種契約書等も法的に問題ないかどうか確認してもらえる
- 対外的な信用向上につながる
- トラブルが発生しないように事前に対策を講じられる
- 従業員の法律相談にも割安で対応してもらえることが多い

顧問弁護士を置くことのデメリット

・費用が必要になる
・トラブルが発生しない場合は費用倒れになる可能性がある

考えられるメリット・デメリットをあげてみましたが、いかがでしょうか？

顧問弁護士を雇う最大のデメリットは、費用だと思います。

顧問弁護士を雇わない最大のデメリットは、顧問弁護士を雇うメリットを全て失うことです。

後で述べますが、今では様々な顧問弁護士の料金体系があります。もし事業を営まれているのであれば、顧問弁護士を雇う方向でぜひ検討してみて下さい。顧問弁護士を有効活用し、企業間取引や労働問題などの社内問題について、トラブルを未然に防ぐようにしてみてはいかがでしょうか？

個人にとってのメリット

個人で顧問弁護士を雇うの？　と驚かれるかもしれませんが、個人顧問弁護士の考え方は徐々に広まってきています。

個人の場合でも、ママ友との確執問題、学校での子供のイジメ問題、近隣トラブル、交通事故、不当解雇、借金問題、離婚、相続問題、個人情報流出問題など、日常生活の中で様々な問題を抱えています。

本章の冒頭で述べたように、トラブルが発生してから自分に合う弁護士を探すのは、困難を極めます。まともな精神状態ではないため、冷静な判断ができないからです。

そこで、トラブルが発生する前から自分に合う弁護士を探しておき、可能であれば顧問弁護士として契約しておくことをお薦めいたします。

個人にとっての顧問弁護士のメリットとデメリットを整理してみましょう。

顧問弁護士を置くことのメリット

・どういう生活をしているのかを弁護士が把握しているので、トラブル時に適切かつ迅速な対応をしてもらえる
・自分に合った弁護士を探しているので、何でも相談できる

顧問弁護士を置くことのデメリット

・費用が必要になる

メリットとデメリットの本質は、企業の場合とほぼ同じだと思われます。しかし、個人で発生するトラブルは人間の精神状況を著しく狂わせ、正常な判断をできなくさせる可能性が極めて高いものです。

何度も申し上げますが、何もトラブルがない状態の時に、事前に弁護士を探されることをお薦めいたします。

顧問弁護士料について

顧問料の相場

私が信頼している弁護士やインターネットで調べた限りの顧問弁護士料の相場は、

・最安値　……月額3、333円
・一般的　……月額3万円～5万円

といったところです。

月額3万円を下回る顧問弁護士料には、ほとんどの場合で相談料が含まれておらず、別途1時間1万円程度の相談料が必要となるケースが多いようです。法的な整備が完了しており、弁護士に相談することがほぼない企業や、起業したての中小企業であれば、月額3万円を下回る顧問弁護士でも問題ないのかもしれません。

月額3万円を上回る顧問弁護士料には、相談料が含まれている場合がほとんどのようです。例えば、月額3万円の場合は月3時間まで、月額5万円の場合は月5時間までと、金額に応じて相談時間が決まるようです。詳細については、弁護士に直接お確かめ下さい。

取引先の数や金額が増えてきた企業や従業員を雇い始めた企業であれば、相談事項が増えてくると考えられますので、月額3万円程度の顧問弁護士料を検討されることをお薦めいたします。

顧問契約する際の注意点

顧問弁護士を選ばれる際は、金額だけを判断基準に決めないようにして下さい。顧問契約を締結する際、料金が安いからとインターネットで見つけた弁護士と書類の郵送だけで契約をしたり、自分に合う弁護士かどうか確認もせずに、事務所規模や写真と経歴だけで決めてしまったりしては、顧問弁護士を雇う意味や意義がほぼなくなってしまいます。

必ず弁護士に直接会って、何でも相談できる人柄なのか、信頼できる人間性なのか

等を確認した上で、顧問弁護士の契約を行うようにして下さい。

月額での契約でも、次に説明するタイムチャージ制での契約でも結構ですが、ご自身に合う弁護士を根気強く探し、顧問弁護士として雇うことが重要かと思います。

タイムチャージという考え方

「月額の費用はどうしても払いたくない」という場合、タイムチャージで支払う方法もあるのをご存知ですか？

タイムチャージとは弁護士の1時間毎の金額を設定し、弁護士が実際に要した時間分の金額を支払う方法です。

例えば、1時間3万円のタイムチャージの弁護士に相談した場合、相談に2時間を要した場合は6万円を支払うという方法です。月額の費用を支払わない代わりに、1時間当たりの金額は少し高めに設定されていますが、月額のコストを抑えるという意味では検討の余地はあるかもしれません。

私の知り合いの弁護士に聞いた限りですが、タイムチャージの金額は次のような料金体系になっていました。

・弁護士歴1～2年　……2万円程度
・弁護士歴3～9年　……3～5万円程度
・弁護士歴10年以上　……5～10万円程度

経験年数や実績によって知識やスキルに差があるため、1時間で対応できる内容にも差が出てきます。弁護士歴が長いほど高額になっていくのは、これが理由です。

もちろん、弁護士や法律事務所によってタイムチャージの金額は違いますし、タイムチャージ制を導入していない弁護士や法律事務所も存在します。相談に行かれた際に、必ずご確認下さい。

弁護士とトラブルになったら？

不満や苦情は弁護士会へ

法律の専門家である弁護士といえども、全てが完璧ということはありません。

ここ数年は弁護士の数が急増していますので、残念な事実ではありますが、犯罪に手を染めてしまう弁護士、処理できないほどの案件を引き受けて放置してしまう弁護士、預かっているお金を着服（横領）してしまう弁護士がいます。

弁護士との間でトラブルが発生し、話し合いで解決しない場合は、依頼している弁護士が所属する弁護士会に相談に行きましょう。どの弁護士会に所属しているかは、日本弁護士連合会のホームページから調べることが可能です。

弁護士検索　http://www.bengoshikai.jp/

弁護士は法律のプロなので、弁護士とトラブルになったとしても一般の方では太刀打ちできないケースがほとんどだと思います。しかし、最初の約束より高い弁護士費用を請求された場合やその他のトラブルが発生した場合に、弁護士会が仲裁してくれる制度（紛議調停）があります。

全国の弁護士会には紛議調停委員会が設置されており、トラブルになった弁護士が所属する弁護士会に紛議調停の申立てを行うことができます。

全国の弁護士会・弁護士会連合会 http://www.nichibenren.or.jp/bar_association/whole_country.html

基本的に、弁護士との間でトラブルにまで発展することは少ないと思いますが、トラブルになった場合、相手が弁護士だからと泣き寝入りする必要はありません。

相手方の弁護士に問題がある場合は市民窓口へ

弁護士は案件を依頼された場合、依頼者の法的利益や経済的利益を守るように、全力で活動します。しかし、弁護士の行っている弁護活動について、案件の相手方あるいは第三者から見て、問題があると思われる場合があります。

例えばですが、弁護士が離婚相談の相手方に対して「離婚を認めてくれないと大変なことになりますよ」等の脅迫じみた言動をしたならば、「それはおかしいでしょ」と思われるのが当然でしょう。そうした場合は、各弁護士会が設置している市民窓口に相談に行ってみて下さい。

全国の弁護士会には、弁護士の活動に関する苦情等を受け付ける「市民窓口」が設けられています。弁護士の活動で納得できないことがあった場合には、まずその弁護士の所属する弁護士会の市民窓口にご相談下さい。

全国の弁護士会・弁護士会連合会

http://www.nichibenren.or.jp/bar_association/whole_country.html

資格をはく奪したいと思ったら懲戒請求を！

世の中には光もあれば闇もあります。これは世の常です。残念なことに、法律の専門家である弁護士といえども人間ですので、犯罪に手を染めてしまう弁護士がいるのも事実です。

そのような場合は、弁護士が所属している弁護士会へ懲戒請求を行いましょう。第5章でも述べましたが、懲戒請求とは弁護士法第56条に定められた手続きであり、弁護士や弁護士法人に対して懲戒を求める制度です。この手続きは誰でも行うことができます。主な懲戒請求の理由としては、

・自分の意向にあった処理を行ってくれない
・弁護士費用が高過ぎる
・弁護士の処理が遅い
・弁護士から恐喝まがいの言動を受けた
・弁護士がお金を返してくれない

等、主に依頼した弁護士との間の協議が決裂した場合に、懲戒請求が行われていま
す。その他にも弁護士が逮捕されたり、相談者や依頼者からのクレームが何度も弁護
士会に寄せられたりすると、懲戒請求が行われたりします。

懲戒請求に関する手続きを簡単に説明しますと、次のようになります。

①懲戒請求したい弁護士が所属している弁護士会に「懲戒請求の申立て」を行う
②懲戒請求が申立てられた弁護士会は、その弁護士の調査・審査を行い、判断を下す

弁護士が処分される場合は、「戒告」「業務停止」「退会命令」「除名」の四つの処分を受けることになります。詳細は日本弁護士連合会のホームページでご確認下さい。

日本弁護士連合会　懲戒制度　http://www.nichibenren.or.jp/jfba_info/autonomy/chokai.html

法律の専門家といえども、彼らも人間

友好的な人間関係を築きましょう

本書ではこれまで再三に亘り、「弁護士は法律の専門家」と述べてきました。しかし、弁護士も一人の人間であるということは理解してあげて下さい。

紹介により相談が多い時は勘違いすることもありますし、間違えることもあります。重要なことは、勘違いをしたり、間違えたりした時に、素直に謝れる弁護士かどうかだと私は思います。もちろん、あってはならないミスをしては弁護士失格ですが。

依頼者が友好的に接することにより、弁護士も依頼者に対して心を開きます。初めて弁護士に会う場合は緊張して友好的に接することは難しいと思いますが、可能な範囲で試みてはいかがでしょう？　弁護士と親しくなれば、それだけ依頼内容に熱心に動いてくれます。頭ごなしに「お金を払うんだからやれ！」的な態度だと、弁護士も

「やりたくないな」と思うことでしょう。そうなると、結果として損をするのは依頼者である皆さんなのです。

弁護士は常に孤独と戦っています。法律事務所の経営者であればもちろんですが、弁護士が多数いる事務所であっても、競争相手であったり、上司と部下の関係で悩んでいたりと、一般的な企業の会社員とさほど変わりはありません。

弁護士が心底、依頼者のために全力を尽くしやすい環境を作ってあげることで、自分の依頼した案件を優先的に進めてくれることも珍しくありません。

弁護士といえども人間です。

ご自身がされて嫌なことは弁護士にもせず、ご自身がされて嬉しいことを弁護士にしてみて下さい。きっと、素晴らしい結果を、彼らが持ち帰ってきてくれると私は信じています。

友達として付き合いましょう

依頼した弁護士との間で特にトラブル等が発生していないのであれば、依頼者である皆さんは、彼らが弁護士であることをことさら意識して付き合う必要はないかと思います。もちろん、弁護士として尊敬する必要はあるかと思いますが、彼らと友達のように付き合うことを私はお薦めいたします。

「弁護士」と聞くと、やはり「怖い」「敷居が高い」といった、どちらかと言うとマイナスの印象をお持ちだと思います。しかし、先ほど申しましたように、弁護士も人間ですし、同じ弁護士という職業でも人間的には様々な人がいます。

今までに私が出会った中で一般に持たれている弁護士のイメージと比較して「少し変わっているな」と感じた弁護士には、こんな方達がいます。

・地下アイドルに精通している弁護士
・美味しいレストランを紹介する本が出せるくらい、グルメな弁護士
・野球やバスケボール等のスポーツをするのが大好きな弁護士

・毎日のように飲み歩いている弁護士

法律の専門家である弁護士も、実生活では普通の会社員の方達と同じような趣味を持ち、普通に生活している人間です。世の中に「ＩＴに精通している」「営業が得意」「事務作業が得意」「（飲食店に勤務し）調理が得意」というのと同じで、他の人より法律に精通しているだけなのです。

普通の友達として接することで親しくなることができ、何気ないことでも相談できたり、アドバイスをもらえたりします。友達に対して簡単なアドバイスでお金を取る弁護士はいないと思います。もし、友達に対して簡単かつ一般的なアドバイスをして相談料を得る弁護士がいるとしたら、それは友達ではなくビジネス相手なので、付き合い方を考えましょう。

自分に合う弁護士を探しましょう

《誰に報酬を支払いたいかを考えましょう》

弁護士とひとくくりに言っても、弁護士は日本全国に約35,000名もいます。その中から、運命の1人を探し出すのは至難の業ですが、ご自身の感覚と合う弁護士を探すのは、そんなに難しいことではありません。

ご自身の感覚に合うと言ってもいろいろな考え方がありますが、**楽しく・長く・気軽に付き合える弁護士を探されることを私はお薦めいたします。**

医師のセカンドオピニオンのように、お金と時間が許すのであれば、弁護士に何度も相談に行かれても問題ないと思います。特に、知人からの紹介ではなくインターネットで弁護士を探す場合は、5～6箇所の法律事務所に相談に行きましょう。自分の感覚に合う弁護士を探したほうが、最終的にはご自身のためになると思います。

弁護士と契約するということは、その弁護士に20万円以上のお金を支払うということです。仮に20万円支払うとしたら、初めて会う弁護士に支払いたいか、何度も会っている友達のような弁護士に支払いたいか、貴方ならどちらを選びますか？　私なら何度も会っている友達のような弁護士にお世話になり、報酬を支払いたいです。

トラブルの根本を解決できる相手を探しましょう

テレビCMや、ネット広告で探されること自体を非難するつもりはありません。あくまで、「自分自身と感覚の合う弁護士を探し、気軽に何でも弁護士に相談し、ご自身の中に潜むトラブルの根本を弁護士に見つけてもらい、無駄なトラブルに巻き込まれないように事前に対策を講じることができれば、全てが丸く収まる」というのが私の考えです。

本書をきっかけに、トラブルに巻き込まれてから弁護士を探すのではなく、トラブルを未然に防ぐ弁護士探しを始められてはいかがでしょうか？

おわりに

本書を通じて、弁護士という職業について少しはおわかりいただけたでしょうか？また、弁護士を選ぶ際の注意点や、今現在依頼されている弁護士に確認すべき事項等を、おわかりいただけたでしょうか？

何度も申し上げますが、弁護士業界は大競争時代に突入しており、稼げる職業から稼げない職業へと変貌しているとの情報もあります。こうした時代背景の中、弁護士もこれまでとは違うアプローチを皆さんにするようになっています。より身近な存在になるよう努力をしていますが、その一方でテレビ広告・インターネット広告に注力し過ぎているが故に視野が狭くなり、実際は身近になれていないという印象が拭えません。

また、弁護士は「弁護士」という肩書きを捨てて、初めて弁護士という特殊な職業の特性を客観的に理解できるにもかかわらず、「弁護士＝サービス業」と言いつつも、中には「弁護士＝特別な職業」という従来からの世間一般の認識や足枷から離れるのを拒んでいる弁護士がまだいるようにも、私には感じられます。

この本を手に取られた皆さんが、「もっと弁護士と仲良くなろう」「もっと弁護士に相談しよう」と思うきっかけになれば、これ以上の歓びはありません。

弁護士業界に長く携わってきた人間として「もっと弁護士と仲良くして欲しい」「もっと弁護士に相談して欲しい」「もっと弁護士を上手に活用して欲しい」と願うとともに、パートナーでありよき相談相手と思える弁護士と出会えることを切に願っております。

最後になりますが、本書を執筆するにあたり監修を快く引き受けて下さった弁護士ならびに司法書士・税理士・行政書士の先生方、出版社の皆様に心より御礼申し上げます。

2015年8月　株式会社アンサーブ　代表取締役　大坪孝行

著者　大坪 孝行が推薦するお薦め弁護士

弁護士　初澤 寛成（はつざわ ひろまさ）

登録番号：36669

所　　属：東京弁護士会

事務所名：法律事務所フラッグ

事務所所在地：〒160-0023
東京都新宿区西新宿 7-15-1
アパライトビル 6 階

事務所連絡先：03-5337-7400

事務所 HP：http://flag-law.com

得意分野：相続・交通事故・企業法務・M＆A 案件・労働問題

推　薦　文

まだまだ依頼者や相談者を法律事務所に呼ぶ弁護士が多いなか、積極的に依頼者を訪問して相談に応じるフットワークの軽さ、メールや電話のレスポンスの早さから事案に応じて土日や夜中でも対応するスピード感の早さ、何でも気軽に相談しやすい雰囲気の親しみやすさが初澤弁護士のお薦めポイントです。

個人の方からの依頼は相続と交通事故を中心に、企業からの依頼については企業法務で有名な法律事務所に勤務していた経験から、企業法務を中心として弁護士業務に携わっています。このため、個人事業主・中小企業・上場企業まで企業規模を問わず、相談・依頼が可能です。また、会社の設立段階からの依頼も多く、各会社の成長ステージに応じた法律業務に対応できることも大きな魅力です。クライアント企業も幅広い業種に対応可能ですが、近時は、IT 関係の顧問先の比重が高くなっています。

交通事故に遭われた方や相続でお困りの方、顧問弁護士をお探しの方は初澤弁護士にぜひご相談下さい。

弁護士　安藤 晃一郎（あんどう こういちろう）

登録番号：41104

所　　属：東京弁護士会

事務所名：中島・彦坂・久保内法律事務所

事務所所在地：〒107-0052
東京都港区赤坂4-3-1
共同ビル5階

事務所連絡先：03-3586-8025

事務所HP：http://www.yachingengaku.jp/

得意分野：不動産案件・相続案件・企業法務

推　薦　文

安藤弁護士は、弁護士資格と不動産鑑定士資格の２つの国家資格を有する日本でも数少ない弁護士です。不動産鑑定が重要な資料となる賃料増減額請求（法律で強制的に賃料を増額または減額できる請求のこと）や、不動産の価値が争点となる相続・遺産分割などの不動産案件を得意とし，数多く取り扱ってきています。

不動産案件は，他の資産と比較して価値が大きいことや，不動産業者と一般の方々の間に情報量や知識量に大きな差があるため、トラブルが起きやすい分野です。だからこそ、弁護士と不動産鑑定士の両方の資格を有する安藤弁護士に依頼する必要性・メリットが大きいと思います。

２つの資格を有することによる、不動産に関する知識や交渉力は群を抜いている弁護士ですので、不動産案件に関してお困りのことやご不安な点がありましたら、安藤弁護士にぜひご相談下さい。

弁護士　鶴谷 秀哲（つるたに ひでさと）

登録番号：47050

所　　属：東京弁護士会

事務所名：翼法律事務所

事務所所在地：〒 102-0094
東京都千代田区紀尾井町 3-8
第 2 紀尾井町ビル 5 階

事務所連絡先：03-6380-8052

事務所 HP：http://www.law-net.jp/

得意分野：企業法務・エンタテインメント分野・借金問題・離婚問題・刑事事件

推　薦　文

鶴谷弁護士は、お客様の相談をとても親身になってヒアリングし、その上でどのような法的対応が可能か、あるいは適切か、単にできるかできないかではなく、お客様のご要望に併せて丁寧に検討・アドバイスのできる弁護士です。

特にエンタテインメント分野（芸能分野）に関しては、この分野のビジネスにおいて軽視されがちな法的対応、法的準備の必要性を、実際の活動・ビジネスモデルに併せて考え、実のあるアドバイスを提供しています。また、男女間のトラブルに関して特に詳しく、様々な事例をもとにわかりやすく解決方法や今後の展望を説明してもらえます。

弁護士とは思えない優しさと親切丁寧な説明手法を兼ね備えた弁護士ですので、多くの皆様には相談しやすい弁護士であると言えると思います。エンタテインメント分野や男女間の争いがある場合は、ぜひ鶴谷弁護士にご相談下さい。

弁護士　浅野 英之（あさの ひでゆき）

登録番号：44844

所　　属：第一東京弁護士会

事務所名：浅野総合法律事務所

事務所所在地：〒160-0003
東京都新宿区本塩町9
光丘四谷ビル8階

事務所連絡先：03-6274-8370

事務所 HP：http://www.asano-lawoffice.com

得意分野：企業法務・労働法・離婚など男女間のトラブル・離婚・詐欺被害

推　薦　文

浅野弁護士は、親身にお話を聞き、スピーディに対応できる弁護士です。

企業顧問・労働法・離婚等を中心に業務を行われている弁護士です。特に中小企業の労働法を得意とし、大小様々な法人の顧問弁護士として、中小企業を元気にする活動をしています。

弁護士による対応が必要なときとは、即座のスピーディな対応が必要なことがほとんどですが、なかなか弁護士に連絡が取れない事務所も多いものです。浅野弁護士は、顧問契約を頂いた場合には弁護士にいつでも直通で連絡が取れ、スピーディな対応が保障されていますので、ご安心いただけると思います。

弁護士としての心強さと凛とした雰囲気は多くの経営者に愛されており、相談に対する受け答えは「さすが弁護士」と言える立ち振る舞いで、中小企業の経営者の方にとっては心強いパートナーになることは間違いありません。

顧問弁護士を必要とされている方や企業法務でお困りの方はぜひ浅野弁護士にご相談下さい。

弁護士　近藤 弘（こんどう ひろし）

登録番号：28963

所　　属：第二東京弁護士会

事務所名：江戸川橋法律事務所

事務所所在地：〒112-0005
東京都文京区水道2-8-4
さくらハウス4階

事務所連絡先：03-5940-2320

事務所HP：http://www.ucporders.com/index.html

得意分野：不当要求・クレーマー対策・ストーカー対策・借金問題・離婚問題・交通事故・労働問題

推　薦　文

近藤弁護士は暴力団が関係するような事件（民暴事件）をはじめ、クレーマー対策やDV事件、ストーカー被害など、他の弁護士があまり引き受けたがらない様な事件を快く引き受けて下さる先生です。

弁護士としての経験が本当に豊富ですし、経験の浅い弁護士や効率化を求める弁護士達では対応できないような様々な事情が複雑に絡み合った事件も、親身になって相談に応じてもらえます。

借金問題・離婚問題・クレーマー対策や暴力団が関わっていそうな事件等は、近藤弁護士にぜひご相談下さい。

弁護士　稲益 みつこ（いなます みつこ）

登録番号：28253

所　　属：東京弁護士会

事務所名：服部法律事務所

事務所所在地：〒105-0014
東京都港区芝 2-10-6
司ビル 3 階

事務所連絡先：03-3453-6341

事務所 HP：http://www.hattorilaw-tokyo.com/

得意分野：企業法務（契約書作成、一般法律相談、訴訟等）、電子商取引、離婚、相続

推　薦　文

稲益先生は、「誠実」を体現している弁護士だと思います。

離婚や相続等の一般民事事件においては、事件に遭遇し様々な不安を抱えている人の気持ちに寄り添いながら、親身に対応し、解決できるよう心がけています。

企業法務においては、訴訟業務のほか、多種多様な企業・団体等に対し、顧問契約等に基づいて契約書作成や法律意見等の予防法務、企業の諸活動において生ずる大小の疑問・トラブル相談等に、丁寧かつ適切に対応しています。

また、経済産業省「電子商取引及び情報財取引等に関する準則」の策定に長く関わっており、インターネットショッピング分野等への知識も豊富です。その他、顧問会社その他団体において、ニーズに応じた社内研修や勉強会等の講師を務めており、専門用語を極力使用せずに、わかりやすい内容であると好評を得ています。

著書に、「最新！ここまでわかった企業のマイナンバー実務 Q&A」（共著、日本法令、2015）、「ソーシャルメディア活用ビジネスの法務」（共著、民事法研究会、2013）、「離婚事件処理の実務 ―Q&A と給付事例―」（共著、新日本法規出版）等があります。

離婚や相続問題、企業法務問題でお困りの方は、稲益先生にぜひご相談下さい。

監修協力士業

司法書士　尾形 壮一（おがた そういち）

事務所名：司法書士九九法務事務所

所在地：〒332-0034
埼玉県川口市並木4-20-11
新井店舗1階103号

事務所HP：http://99help.info/

税理士　野上 浩二郎（のがみ こうじろう）

事務所名：税理士法人アンサーズ会計事務所

所在地：〒180-0005
東京都武蔵野市御殿山1-4-20
服部ビル2階

事務所HP：http://www.ans-tax.jp/

行政書士　染谷 崇（そめや たかし）

事務所名：AAA行政書士事務所

所在地：〒278-0037
千葉県野田市野田45-8

事務所HP：http://aaa-gyo.com/

著者プロフィール

大坪 孝行（おおつぼ たかゆき）

1978年　福岡県福岡市生まれ
株式会社アンサーブ　代表取締役
株式会社リンクアップドリーム　専務取締役
一般社団法人交通事故被害者救済センター
　代表理事

大学時代に大手法律事務所でアルバイトを行い、
法律事務所業務の特異性に興味を持つ。
社会人として個人法律事務所に勤務し、主に民事事件である離婚・相続・債務整理・管財事件・交通事故案件全般、及び労働案件・企業法務案件を事務員として担当。更に、法テラスやひまわり基金法律事務所に派遣予定の弁護士の教育係も担当する。
その後、大手法律事務所に勤務し、広告手法やマーケティング手法、所属長として100名を超える人員のマネージメントを学ぶ。

2010年、士業コンサルティングを主要業務とする「株式会社アンサーブ」を設立。
法律事務所での勤務経験を活かし、士業の中でも主に弁護士のブランディングや集客方法を伝授するコンサルティングを行っている。

●株式会社アンサーブ　http://www.answerve.co.jp
http://www.士業専門.com
http://entre.answerve.co.jp

2012年、士業と中小企業のビジネスマッチングサイトである「つなぐナビ」（運営会社：株式会社リンクアップドリーム）を設立。多くの士業・中小企業経営者が活躍できる仕組みを構築している。独特な人脈の構築方法により、順調に会員数を伸ばしている。

●つなぐナビ　http://www.tsunagu-navi.com/

2015年、「一般社団法人交通事故被害者救済センター」を設立。交通事故被害者救済のためにリーガルサービスを提供している。

●一般社団法人交通事故被害者救済センター
http://www.ko2jiko-9sai.com/

本書内容に関するお問い合わせについて

このたびは翔泳社の書籍をお買い上げいただき、誠にありがとうございます。弊社では、読者の皆様からのお問い合わせに適切に対応させていただくため、以下のガイドラインへのご協力をお願い致しております。下記項目をお読みいただき、手順に従ってお問い合わせください。

●ご質問される前に

弊社 Web サイトの「正誤表」をご参照ください。これまでに判明した正誤や追加情報を掲載しています。

正誤表　http://www.shoeisha.co.jp/book/errata/

●ご質問方法

弊社 Web サイトの「刊行物 Q＆A」をご利用ください。

刊行物 Q＆A　http://www.shoeisha.co.jp/book/qa/

インターネットをご利用でない場合は、FAX または郵便にて、下記“翔泳社愛読者サービスセンター”までお問い合わせください。電話でのご質問は、お受けしておりません。

●回答について

回答は、ご質問いただいた手段によってご返事申し上げます。ご質問の内容によっては、回答に数日ないしはそれ以上の期間を要する場合があります。

●ご質問に際してのご注意

本書の対象を越えるもの、記述個所を特定されないもの、また読者固有の環境に起因するご質問等にはお答えできませんので、予めご了承ください。

●郵便物送付先および FAX 番号

送付先住所	〒 160-0006　東京都新宿区舟町 5
FAX 番号	03-5362-3818
宛先	（株）翔泳社愛読者サービスセンター

※本書に記載されている情報は、2015 年 8 月執筆時点のものです。

※本書に記載された商品やサービスの内容や価格、URL 等は変更される場合があります。

※本書の出版にあたっては正確な記述につとめましたが、著者や出版社などのいずれも、本書の内容に対してなんらかの保証をするものではなく、内容やサンプルに基づくいかなる運用結果に関してもいっさいの責任を負いません。

カバー/本文デザイン　303デザイン事務所
本文 DTP　美研プリンティング(株)

いい弁護士の選び方 上手な付き合い方

2015 年 8 月 21日　初版第 1 刷発行

著　者　大坪孝行（おおつぼたかゆき）
発行人　佐々木幹夫
発行所　株式会社翔泳社（http://www.shoeisha.co.jp/）
印刷・製本 日経印刷株式会社

ISBN 978-4-7981-4242-5　Printed in Japan